湛庐CHEERS

与最聪明的人共同进化

HERE COMES EVERYBODY

CHEERS
湛庐

财富是认知的变现

如何避开投资中的12个认知陷阱

Turn your wisdom into wealth

舒泰峰 著

中国纺织出版社有限公司

测一测

你对投资中的认知陷阱了解多少?

- 下列哪一项不是投资人常见的认知缺陷?（　　）

  A. 急于求成，本能地渴望看到立竿见影的效果

  B. 盲目从众，追涨杀跌

  C. 过度悲观，我们的恐惧常常大于危险本身

  D. 保持理性，不被贪婪与嫉妒情绪左右

- 我们总是相信自己愿意相信的，甚至扭曲事实以适应固有想法，所谓“吃不到葡萄说葡萄酸”，这属于哪种认知缺陷?（　　）

  A. 禀赋效应

  B. 过度悲观

  C. 盲目从众

  D. 线性思维

- 老子的哲学思想与现代投资哲学有异曲同工之妙，下列哪一句老子的名言体现了投资中的长期主义哲学?（　　）

  A. 大器晚成，大音希声

  B. 胜人者有力，自胜者强

  C. 上善若水

  D. 知人者智，自知者明

扫码加入书架
领取阅读激励

扫码获取全部测试题及答案
了解投资中的认知陷阱
与破解之道

扫描左侧二维码查看本书更多测试题

推荐序一

“形而上者谓之道，形而下者谓之器”

裘国根

重阳投资创始人、首席投资官

投资大概可以分为三类：价值投资、行为金融和金融工程。金融工程以对历史数据的系统归纳为基础，在逐步迈向成熟的中国资本市场将有越来越大的施展空间。不过金融工程以未来会重复历史为假设，而未来充满了不确定性，所以有其局限所在。行为金融则以分析人性心理为基础。从传统意义上讲，巴菲特、芒格这样的投资大师，本质上都是行为金融的成功实践者。金融工程和行为金融各有其优势，但也都有一定程度的局限性，所以价值投资

（基本面投资）还是投资的基础方法。我有一种感觉，未来在投资界取得类似于今天巴菲特这种量级成就的人，可能属于价值投资、行为金融、金融工程的跨界立体化实践者。

《易经·系辞》有云：“形而上者谓之道，形而下者谓之器。”如果说金融工程更偏向纯粹的科学，那么价值投资、行为金融则既是科学，也是艺术，是科学与艺术的结合。只是从投资实践来看，投资者往往更重视科学的部分，而对艺术的部分重视不足。投资的艺术部分是什么呢？归根结底在于人性。市场周期的背后是人性周期，市场由人组成，投资人的心理和情绪在恐惧和贪婪之间来回摆动，所以市场也在熊市和牛市之间来回波动。

人性的弱点还有很多，比如“过度自信”和“一知半解”。历史证明，最容易亏大钱的投资者往往认为自己“很知道”，美国长期资本管理公司就是一个典型的案例。过度自信和一知半解是投资大忌。

再比如“急于求成”和“鸵鸟思维”。急于求成，追求一夜暴富是人性使然，却是长期投资成功的大敌。急于求成的人往往重结果而轻过程，难免导致决策草率。一个好的投资决策的形成需要投资者全方位地对公司进行调研，这需要时间，切不可操之过急。欲速则不达。很多时候，慢就是快。

与急于求成相反的极端是鸵鸟思维，即对问题采取回避或消极拖延的态度。做投资，不该急的时候不能急，但该急的时候一定要急，比如学习、调研，投资者要抱着迫切的态度将问题和疑点搞透。所以，投资和决策需慎重，谋定而后动；研究和学习要积极，避免鸵鸟思维。

人性的弱点决定了做投资需要理性，重视概率思维，“遍历性”十分重要。遍历性理论是说若有一个随机过程，其过往的历史概率不能适用于其未来的情景，那么这个随机过程就不具有遍历性。这一理论告诉我们，随着条件的变化，过往的成功经验并不必然适用于当下和未来。投资方法一定要尽量具备遍历性，否则就存在爆仓或出局的可能。所以投资要因时因势而变，切忌路径依赖。

那么，决定人性周期的是什么呢？人性周期的背后是生物周期。人的生物学构造决定了人类神经的承受极限，驱动人的心理在理性和癫狂之间摇摆。所以，只有了解人性和生物周期，投资者才不会被大众情绪所左右，在投资中保持理性。

投资最好的杠杆是知识，财富复利背后是知识和思想的复利。我的同事舒泰峰认真梳理了财富认知方面的 12 个缺陷并探究了其背后的生物学根源，同时也给出了 12 个建设性的破解方案，虽未能全面覆盖，但不失为一部投资认知方面的很好的普及读物。舒泰峰具有一定的人文学科背景和多年媒体传播经验，又在重阳投资工作多年，这使得这本书具有一种特别的跨界特色，文风生动好读。他创作的“投资问道：老子对话巴菲特”（见附录 1）使投资学变得更具人文性，趣味盎然，令人耳目一新。

推荐序二

投资认知有法门，不做流星做恒星

王波明

中国证券市场研究设计中心总干事

《聊一波》创始人

自 1988 年参与创建中国资本市场，又于 1998 年创办《财经》杂志以来，37 年间，我见证了无数波澜壮阔的资本故事和无数英雄的起起伏伏。这段历史足以证明：在资本市场，一时闪耀的流星有很多，稳定且长寿的恒星却很少。

究其缘由，或因资本市场是人性的放大器，它放大了人性中的贪婪与恐惧，先是让一些人癫狂，继而又让他们坠落深渊。所以，**想**

要成为资本市场中的恒星，必须深刻省察自我人性与认知中的不足，并以高度的理性予以约束。

这并不是一项轻松的任务，因为“江山易改，本性难移”。要想做到这一点，必须摒弃“盲人摸象”，首先在认知上构建一套科学、严密的体系。在这方面，舒泰峰做了一项十分有益的工作。他在离开《财经》之后，加入国内一线私募机构重阳投资，经过七八年的重新沉淀，推出了他的作品《财富是认知的变现》，该书成为业内颇具影响力的系统拆解投资认知的佳作。

这本书让我印象深刻的地方不少，其中主要有以下几点。

第一，本书系统地梳理了投资中的 12 大认知误区和 12 大认知武器，而且把它们穿插到投资亏损的 4 个阶段当中，条分缕析，针对性和实操性很强，每个有过投资经验的人都可以从中找到对症下药的良方。如果觉得 12 个太多不好记，那么还可以参照舒泰峰在结语部分提炼出来的“四颗心”——耐心、疑心、小心和初心，分别对应长期思维、独立思维、风险思维和股权思维。这“四颗心”的提炼既便于记忆，又深得价值投资之精义。

第二，本书还从进化心理学的底层原理上讲透了认知误区的来源。在投资中，许多人都有知行难以合一的困惑，比如明明知道要在“别人贪婪的时候我恐惧，别人恐惧的时候我贪婪”，在实践中却往往表现为追涨杀跌。知行难以合一，重要的原因在于知道得还不够彻底。而要知道得彻底，必须追本溯源，从最初的源头中寻找答案。《财富是认知的变现》就帮投资者朋友们找到了这样的源头——我们的所有贪婪与恐惧、急于求成、损失厌恶、盲目从众等，都属于“进化适应”。也就是说，在原始的条件下，它们是有益于人类先祖的生存和繁衍的，但是到了高度现代化的当下，它们就变成了“进化失配”，与我们所处的环境、所从事的工作不再匹配，也就是“失配”，从而最终导致了我们的投资失败，也阻碍了我们获得内心真正的幸福。这个论述堪称本书的点睛之笔，值得反复琢磨，仔细体悟。

第三，得益于作者的人文学科背景和长期媒体工作训练，这本书的行文流畅，通俗易懂，附录 1“投资问道：老子对话巴菲特”部分别具一格，很有意趣。

如果说这本书有什么不足的话，缺乏具体的投资实战技术可以说是其中之一，想从书中寻找到快速致富秘籍的朋友可能会失望。不过，正如作者在书中所述，“投资是科学与艺术的结合”，道与术本不该厚此薄彼，一本书如果能够讲透投资认知之道，已属难能可贵。相信这本书能够在很大程度上帮助大家避开投资路上的种种“坑”与“雷”。根据逆向法则，如果能够避免失败，那么也就有可能实现“不做流星做恒星”的目标。

《财富是认知的变现》出版不到 4 年便得以再版，这说明已经得到了许多读者朋友的喜爱与认可。今嘱我作序，我欣然命笔，希望更多读者能够读到这本好书。

自序

财富是认知的变现，亏损是心性的失陷

很大程度上，这是一部“碰撞”之作。在加入重阳投资之前，我有 10 年的一线媒体从业经历，自认为是一个“有点见识的人”。但是，来到投资界之后，我受到了相当大的冲击，这种冲击主要来自“思维”和“认知”层面。我发现投资家的思维方式以及背后的心性修养与常人有明显的不同。同时，我也终于明白了以前投资股票却总被套牢的原因。总的来说，不管你是博学的杂家还是精通某个领域的专家，都无法确保投资成功，因为知识是知识，投资知识是投资知识，两者不能直接画等号。投资有自己的一套认知体系，如果没有掌握这套体系，那么你便是“有知识的小白”，同样不免沦为“韭菜”。

重阳投资创始人、首席投资官裘国根先生说过：“投资是一场逆人性的游戏。”[1] 要想通过投资成功积累财富，必须改变自我，其中核心的一条便是改变自己的认知。

幸运的是，在重阳投资这样顶尖的专业平台上，我得以重新检视并构建自己关于投资的认知。这一方面是通过阅读大量投资大师的经典著作。我仍然记得 2014 年第一次阅读查理 · 芒格的《穷查理宝典》时的情形。那是一种少有的醍醐灌顶式的阅读体验，让我认识到原来看问题竟可以有如此不同的角度。所以，本书的写作在很大程度上可以说是受到查理 · 芒格的启发，可以视为致敬芒格之作。① 除了芒格，我也读了沃伦·巴菲特、霍华德·马克斯、彼得·林奇、约翰 · 邓普顿、安东尼 · 波顿、纳西姆 · 塔勒布、杰西 · 利弗莫尔、伯顿 · 马尔基尔等人的著作或文章，无不进一步激发我对投资认知的好奇和探究之心。

我的创作灵感的更重要的一个来源是，在重阳投资我可以通过亲身观察和参与团队的投资实践，对投资大师们的理论进行验证，从而明白他们所讲的并不是纸面上的虚言，而是真正对财富创造以

---

① 美国时间 2023 年 11 月 28 日，芒格先生在加利福尼亚州安详去世，而此时距离他的百岁生日仅差 33 天。去世前 1 个月，他还接受了媒体的长时间专访，创造了人类工作史上的一项奇观。

及人生有益的宝贵智慧。事实上，裘国根先生就是一位具有明显逆向思维特点的卓越投资家，他从不盲目从众，始终保持独立思考，所以能够取得业内罕有的投资业绩。

这本书的创作同样得益于我的跨界经历。我不无惊奇地发现，无论古今中外，顶尖智慧之间都是高度相通的，比如巴菲特、芒格的智慧与中国道家鼻祖老子的思想就有许多异曲同工之妙，所以我创作了一系列专栏文章“投资问道：老子对话巴菲特”（见附录 1），这种跨时空的虚拟对话受到了不少读者的喜爱。这 12 篇彩蛋内容需要读者朋友扫描二维码，移步湛庐 App 阅读。

扫描上方二维码
一起向智者问道投资智慧

在此基础上，我对与投资认知相关的一些核心认知原则进行了条分缕析，逐渐形成了一个带有某种跨界特色的认知系统。在这个梳理的过程中，我自己受益匪浅，它让我从一个“有知识的小白”逐步走向了专业。继而，我也希望将这个认知体系分享给更多对投资理财有兴趣的朋友，这就是这本书的由来。

汲取成功的智慧，穿越认知的迷雾

那么这本书的核心立意是什么呢？我先做一个简要的介绍。

投资是科学与艺术的结合，投资的科学指的是宏观大势研判、行业及企业基本面研究和估值这些可以“计算”的方面，投资的艺术则有关于认知及心性。这两方面同等重要，但是在投资实践中，很多人更注重科学的一面而忽视艺术的一面，导致出现了一些不该发生的悲剧。

检索投资史，我们不难看到，成功的投资家往往也是认知及心性的大师，比如巴菲特、芒格、邓普顿等。而曾经辉煌一时，后来却一败涂地的投资家往往不是败于科学，而是败于认知，比如著名的华尔街股票作手利弗莫尔，以及由多名诺贝尔奖得主组成的美国长期资本管理公司。甚至连牛顿这样的科学巨匠也在股票投资中巨亏，最终发出那句著名的浩叹：“我可以计算出天体运行的轨迹，却难以预料到人性的疯狂！”

我们每个人都有认知和心性的缺陷，这是由我们基因进化的特点所决定的。而股市可以说是人性的放大器，无论是贪婪还是恐惧，种种认知缺陷都在其中发挥得淋漓尽致，它们无疑是成功投资的大敌。

芒格曾说：“即使握有全世界最锋利的刀，如果你自己的心性存在缺陷，那么它也会成为自残的工具……如果你拥有最精于计算的头脑，但始终无法克服欲望的纠缠，那么在巨额财富的重压之下，你注定将粉身碎骨。”①2

芒格擅长运用逆向思维，他的理念是，人们如果想取得投资成功，首先要思考的是如何避免投资失败。清楚地认识到心性的先天缺陷，然后建立科学正确的认知系统，正是避免投资失败的前提。

总结而言，财富是认知的变现，亏损是心性的失陷。

本书的 12 章内容其实是炒股失败者普遍的心路历程。许多非专业的投资者朋友可能都经历过这样的投资亏损四阶段。

第一阶段：在火热的市场气氛中买进股票，一开始股价随着大盘天天涨，每天看着账户浮盈的增长，你非常开心，经常请朋友吃饭、喝酒。

第二阶段：好景不长，股市从高点回落，你所买股票的价格也

---

① 引自《查理·芒格的投资思想》。作者戴维·克拉克（David Clark）将芒格的核心思想体系凝练为 100 余个概念，围绕这些概念，克拉克不但筛选出了尤其能体现芒格思想精髓的经典言论，而且对这些言论进行了精湛的诠释。该书中文简体字版已由湛庐策划，由中国财政经济出版社于 2023 年出版。——编者注

随之下跌，这时候你仍然信心满满，觉得这不过是暂时的回调，股价肯定会涨回来并再创新高。

第三阶段：事与愿违，某天，股价终于跌破了你的成本线。你仍然不信邪，咬牙坚持，不过这时候你的信心已经没有那么坚定了。接下来，市场气氛进一步转冷，甚至都没有人再谈论股票了。你所买股票的价格也跌到了新低，可能比你买入的价格低 50% 甚至更多。这时候你终于心灰意冷，放弃了抵抗，但是你并没有割肉斩仓，只是任由股价雨打风吹去，再也不看股票账户。同时内心深处依然抱着侥幸的希望——“守得云开见月明”，只要没卖，只要我等，总有希望。

第四阶段：现实比预想的更残酷，这一等可能就是 3 年、5 年，甚至 8 年、10 年。你望眼欲穿，回本无望，终于在心里承认了投资的失败，或者另有着急用钱之处，不得已割肉出局。

在这个过程中，投资者既亏了钱，也亏了时间，却不知道为什么。事实上，在这个过程中，是一个又一个认知误区让你掉进了认知陷阱。在第一阶段，过度自信、贪婪与嫉妒、急于求成迫使你不断追高追涨。在第二阶段，禀赋效应、锚定效应让你无法灵活变通。在第三阶段，损失厌恶、被剥夺超级反应和无为综合征迫使你一步步被套牢、深陷。在第四阶段，过度悲观成为压垮骆驼的最后一根稻草，迫使你不得不斩仓出局。而在整个过程中，线性思维、盲目从众、故事思维火上浇油，助长着你的贪婪和恐惧，将你绑定在追涨杀跌的怪圈当中。不仅如此，股票市场还是一个“黑天鹅”满天飞的世界，一不小心你就可能踩雷。最后，交易程序与生活程序紧密相关，即使你通过投资实现了财富自由，如果“德不配财”，也可能反受其害。

所以，买卖一只股票看似简单，其中却有这么多认知误区等着你。这些认知误区说起来并不复杂，背后却有非常深刻的进化学根源，因此改变起来并非易事，正所谓“江山易改，本性难移”。

本书希望总结投资和商业史上失败的教训，并从成功的投资家那里汲取成功的智慧，以带领投资者穿越认知的迷雾。为应对 12 个认知误区，本书给出了 12 个认知武器即 12 个破解之道（见图 0-1）。

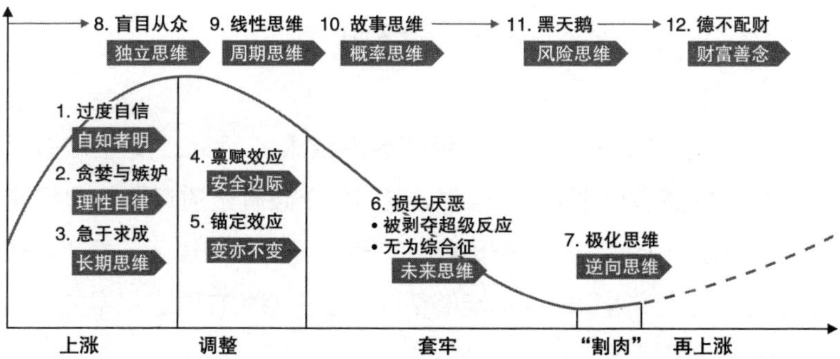

图 0-1　投资的 12 个认知误区与 12 个认知武器

1. 以“自知者明”破解“过度自信”；
2. 以“理性自律”破解“贪婪与嫉妒”；
3. 以“长期思维”破解“急于求成”；
4. 以“安全边际”破解“禀赋效应”；
5. 以“变亦不变”破解“锚定效应”；
6. 以“未来思维”破解“损失厌恶”；
7. 以“逆向思维”破解“极化思维”；
8. 以“独立思维”破解“盲目从众”；
9. 以“周期思维”破解“线性思维”；
10. 以“概率思维”破解“故事思维”；
11. 以“风险思维”破解“黑天鹅”；
12. 以“财富善念”破解“德不配财”。

如果 12 个认知误区是“投资者的敌人”，那么 12 个破解之道便是“投资者的朋友”。当然，这 12 个破解之道远远不是投资智慧的全部，但或许有益于破解一些最常见的认知误区。希望本书对这些投资认知常识的介绍能够帮助朋友们避免在财富积累的道路上犯一些初级错误。

《财富是认知的变现》出版近 4 年来，投资的世界经历了巨大的起伏。其间，可谓大事连连：新冠疫情二次暴发、俄乌战争、美联储暴力加息、房地产深度调控、“924”行情、DeepSeek 横空出世、特朗普单方面向全球发动关税战等，真是令人眼花缭乱。相对应地，股票市场在这期间表现得可谓动荡不安。2024 年“924”行情出现之前走出了为时 3 年多的熊市形态。投资者的情绪十分低迷，本书中提及的过度悲观、锚定效应、损失厌恶、线性思维等认知误区，在其中暴露无遗。然而，股市神奇的地方在于，市场每一次都能跨过沟沟坎坎，找到新的生机。“924”行情带动叙事从悲观到乐观，甚至过度乐观的大逆转，从“傻子才炒股”突变为“不满仓枉为人”。2025 年春节前后，DeepSeek 的出现第二次强化了中国资产的乐观叙事，股市迎来新一轮提振。2025 年 4 月 3 日，特朗普发起的关税战又引发 A 股指数单日大跌 7% 的“大地震”，但是又于一个月内基本收复失地。

市场如此神奇，它有时将你抛向深渊，有时又将你推向癫狂，充满了戏剧性。这种神奇之处背后的秘密是什么？如何在过山车般的震荡中系好安全带，实现我们财富的增长？答案还得回到我们自身的认知当中来。所幸，《财富是认知的变现》出版以来，受到许多读者的正向反馈，有人说这本书陪伴他们度过了一段动荡的投资时光，也有人说这本书帮助他们在市场震荡中实现了收益。这些反馈和新的事件变化推动我进一步去思考和完善之前的论述框架，丰富最新的素材，强化核心的论点，让这本书的内容呈现更为全面，同时又能重点突出。这便是修订版的由来。

本次修订在保持原书核心框架的基础上，进行了系统性的内容完善和优化。结构方面：新增引言从进化角度阐释投资逆人性的本质，增加结语总结投资“四颗心”的精华，并在自序中加入全文脉络导图（图 0-1）。理论方面：强化了进化失配原理这一主线，系统阐述 12 个认知误区的进化根源，使理论体系更加完整。内容方面：对各章节做了有针对性的补充，包括达克效应、元认知概念、FOMO 心理机制等前沿理论，以及巴菲特、芒格等投资大师的最新案例和实践方法。实用性方面：在补充应用方法的同时，删减了与主题关联度较低的内容，使全书逻辑更加清晰、实用性更强。

目 录

引　言

投资是一场逆人性的游戏

从糖尿病说起

想象一下人类祖先们的生活，他们远不如我们现代人过得这般舒适。他们的生活里没有诗和远方，只有眼前的苟且——一切为了活着，一切为了繁衍。为了这个最基本的目标，他们整天都在为食物发愁，但是由于狩猎技能的低下，往往收效甚微。他们经常奔忙很久却没打到一头猎物，不得已啃咬植物的根茎来获得一些能量，但依然难以果腹。在食物极度匮乏的时期，谁要是能够为部族带回来一头野猪或者一块蜂蜜，那他无疑将成为部族的英雄。因为野猪和蜂蜜代表着最优质的热量——脂肪和糖，吃了它们，便可以长时间地抵御饥饿。

根据达尔文的进化论学说，一切都是进化的产物，人类之所以能够在残酷的自然竞争中胜出，是因为人类发展出了强大的适应能力。农业革命让人类告别了风餐露宿的狩猎采集生活，通过驯养动物，种植植物，获取了稳定的能量来源。到了工业时代，技术的进步进一步地让人类彻底告别了食物的匮乏状态，而且使一部分人过上了“食不厌精，脍不厌细”的精致生活。

热量不足的问题不再困扰人类，却带来了新的问题。由于热爱脂肪和糖是人类早期就已经内置于基因深处的记忆，这种记忆代代相传，于是我们现代人依然热爱脂肪和糖。但是基因记忆万万没有想到，人类的生产力变革如此之快，使得现代人类可以轻而易举地获得大量的脂肪和糖。我们还将它们进行了分类，比如，脂肪可以区分为饱和脂肪和不饱和脂肪；糖的品类就更多了，有白砂糖、红糖、乳糖、果糖等。时代已经变迁，但是我们对脂肪和糖的适应性偏好却没有改变，于是新的问题来了——我们摄入了过量的脂肪和糖，它们堆积在我们的身体里，于是导致肥胖、高血脂、糖尿病等问题。

进化生物学把这些疾病归为进化的“失配性疾病”——基因设置与现代生活环境不再匹配所引起的疾病。学界还推测，比如骨质疏松症、阿尔茨海默病、某些肿瘤以及龋齿、慢性便秘等，也很可能归于此类。[①]

---

① 丹尼尔·利伯曼．人体的故事．蔡晓峰，译．杭州：浙江科学技术出版社，2023.《人体的故事》一书梳理了人类进化的 5 个阶段，分析人体对原始环境的适应机制，指出生活方式的剧变会引发糖尿病、骨质疏松等失配性疾病。该书中文简体字版已由湛庐引进，由浙江科学技术出版社于 2023 年出版。——编者注

进化生物学提供的这个角度对于我们理解现代疾病极为有用，它可比一般的医生高明多了。假设你因高血脂去就医，医生会给你开降血脂的药，并告诫你少摄入油脂，你可能照做了，但是不明就里，所以很容易半途而废。进化生物学将这个逻辑解释得一清二楚，你深刻地理解了这个病症具有很顽固的根基，这就给你提供了强有力的节制饮食的动力，而且能够帮助你坚持到底。毕竟食物的诱惑那么强大，不从源头上正视它，便很难抵御这种诱惑。

医生还会告诫你要多运动，不要老是躺着，运动有益于降脂降糖。遗憾的是，从进化的角度来看，“躺平”才是人类基因的“出厂设置”。我们的祖先为了寻找食物会消耗大量的体力，他们必须利用一切时间的空隙进行休息以节省体能，如此方能迎接下一场捕猎或采集。喜欢“躺平”的祖先把这种基因传递给了我们，于是现代的我们同样喜欢“躺平”，俗话说“能坐着就不站着，能躺着就不坐着”。问题是，处于都市生活中的我们早已不需要进行繁重的体力劳动，许多人只要坐在办公室里动动嘴皮子、敲敲键盘就可以完成工作，回到家中点个外卖就可以填饱肚子，然后一边舒服地往沙发上一躺，一边欣赏偶像剧。既然“躺平”会诱发失配性疾病，如何破解呢？如果你认识到了这一层，就会使问题变简单，当你想犯懒时，就提醒自己“躺平基因”又开始作祟了，它正在蓄意增加你体内的脂肪含量，妄图堵塞你的血管。如此一来，你便有了起身锻炼的紧迫感了。

所以，理解进化的失配原理非常重要，它有益于我们更加重视身体健康。不过仔细琢磨也不难发现，这个推理中包含一个有趣的悖论：进化机制确保了我们的生存，但作为现代人，为了健康，我们要在一定程度上“反进化”。

三个大脑

如今，都市人越来越多地加入了锻炼的大军，马拉松成为各大城市的重要赛事，热门城市的赛事更是一票难求。参赛者并不一定是从进化生物学中获得了什么启示，但这仍不失为一个令人欣喜的现象，毕竟热爱锻炼总是一件好事。

相比于身体上的进化失配性疾病，精神上的进化失配性疾病所受到的重视程度则远远不够。什么是精神上的进化失配性疾病呢？那便是本书所要剖析的主题——认知缺陷。

要想对认知缺陷有深刻的认识，同样需要动用进化学的利器。我们的认知由大脑主管。在物理意义上，每个人都只有一个大脑，但是从进化的角度来看，每个人拥有三个大脑。

第一个是“本能脑”，它出现于3亿多年前，随着爬行动物的诞生而产生，所以也被称为“爬行动物脑”。它是大脑中最古老的部分，有时也被称为脑干或基底神经节。它负责主管基本的生存行为如呼吸、心跳、睡眠，以及本能行为如战斗、逃跑和性行为等。我们现在能见到的最早的爬行动物如鳄鱼、蜥蜴、蛇，就拥有本能脑。

第二个是“情绪脑”，它大约出现于2亿年前，随着哺乳动物的诞生而产生，在大脑结构中它也被称为“边缘系统”，包括海马、杏仁核等。情绪脑主要负责情感反应、记忆和社交行为。情绪脑与恐惧、快乐和愤怒等情绪体验密切相关。猴子、猫、狗都有情绪脑，所以情绪脑也被称为“猴子脑”。或许正因为这些动物拥有情绪，也能部分理解人类的情绪，所以人们才会豢养它们，而大多数人不会将鳄鱼、蜥蜴、蛇等当作宠物。

第三个是“理性脑”，它大约出现于250万年前，随着人类的诞生而产生，它在大脑的结构中对应的是大脑皮层，也是大脑最后进化出来的部分。理性脑主管高级认知功能，如抽象思维、语言、规划、决策和自我意识。理性脑使我们能够进行复杂的思考和创造性活动。

看了大脑的进化过程，便可以破解许多人类自身的迷思。人类之所以能够在自然选择中胜出，无疑是因为我们发展出了独一无二的理性脑。但是从这个进化序列中我们也可以发现，相比于本能脑和情绪脑，理性脑十分年轻，如果把本能脑比作一位百岁老人，那么理性脑只不过是一个不满一岁的婴儿。这说明什么？这说明理性脑虽然十分强大，但是本能脑和情绪脑更加强大，它们是我们大脑里更为根深蒂固的基因“出厂设置”。

当然，我们并没有要批判本能脑和情绪脑的意思，它们的作用也非常大。事实上，生活中的绝大多数行为，比如，饿了要吃饭，渴了要喝水，遇到危险要逃跑，同情弱者，厌恶霸凌，等等，只要依赖本能脑和情绪脑便可以轻松完成。反过来设想一下，如果事事都要依赖理性脑，我们的大脑将会陷入怎样不堪重负的局面，恐怕将脑容量再拓大一倍也无济于事。

所以，我们没必要批判本能脑和情绪脑，只是需要注意它们与现代环境之间的失配问题。

认知的失配性疾病

进化的第一性原理是基因的安全以及多产，人类所有的本能和情绪都围绕这一原理展开。在现代人看来，这些本能和情绪有的是褒义的，比如乐观与勇气，有的是贬义的，比如悲观与恐惧。但是，如果把它们还原到进化机制上去观察，它们其实都是中性的，都服务于基因传递这个目的，都是进化适应的产物。一方面，在残酷的自然竞争中，拥有乐观与勇气的人类祖先自然有更大的胜算克服挑战而存活下来；另一方面，如果遇到无法避免的灾难，恐惧意识更强、更善于逃跑的祖先也能够获得更大的生机。于是，我们作为这些祖先的后代，身上便带有了两种看似矛盾的情绪本能。

我们要感谢这些情绪本能，它们让我们在残酷的自然选择中存活了下来。但是，它们同样也让我们为了食物与繁衍的机会而时刻保持进击的姿态，从而导致我们时常陷于焦虑与恐惧之中。叔本华说："人生就像钟摆一样，在痛苦和无聊之间来回摆动。"痛苦源自欲望得不到满足，而无聊则产生于欲望得到满足后的空虚感。叔本华的"人生天问"正是进化局限性的重要表现形式之一。

进化机制还有更大的局限性，那便是与时代的失配。"江山易改，本性难移"这句话点出了人性的本质，我们的本能和情绪自进化早期开始，历经百万年而不变。然而，我们的生活环境发生了翻天覆地的变化：坚固的房子代替了漏风的洞穴，精米细面代替了咬不动的植物根茎，轿车、飞机代替了祖先的双脚和后来的马车……失配由此产生：我们的身体已经处于高度现代化的 21 世纪，但我们大脑的很大一部分仍停留在丛林社会。

如前所述，人类的所有"七情六欲"在日常生活中并无大碍，如果持有豁达的人生态度，也可以说正是"七情六欲"极大地充盈了人性，使我们的人生变得丰富多彩。但是，在从事一些复杂的现代工作时，它们却成了切实的障碍。举个简单的例子，恐惧意识是祖先留给我们的一项情绪遗产，它能够确保个体在危险的环境中及时逃脱，所以它是重要的求生情绪本能。现代社会，科技让我们的生活环境变得更加安全，大大降低了恐惧情绪的释放空间，但是恐惧情绪的本能依然保留在我们的大脑之中，在特定的条件下，比如目睹股灾中千股跌停的时刻，依然会被触发，导致投资者非理性杀跌，从而造成投资亏损。

所以从事投资这种高度复杂的现代工作时，我们需要的是高度的理性，尽可能地摒弃本能和情绪的影响。比如，针对过度恐惧的情绪，我们就需要从理性脑中拿出逆向思维这一武器来克服它。

总之，通过认识进化的第一性原理，我们可以推导出一个重要的进化悖论：进化确保了人类的生存和繁衍，却无法保障现代的我们走向真正的成功，并获得长久的幸福。如果说减少脂肪和糖分的摄入并保持积极运动的习惯是人类的一种“反进化”自救，那么用重阳投资创始人兼首席投资官裘国根先生的话说：“投资是一场逆人性的游戏。”

这正是本书想要解决的问题：理解进化适应与进化失配，从根源上去领悟投资认知中 12 种缺陷的由来，并从理性脑中拿出 12 个认知武器来一一化解它们。

01

以“自知者明”破解“过度自信”

认知陷阱 VS. 破解之道

过度自信

创造未来需要乐观，
预测未来时太乐观
却可能致命

认识你自己

承认无知是
智慧的开始

认知陷阱 1：过度自信

创造未来需要乐观，预测未来时太乐观却可能致命

如果评选世界上最聪明的投资团队，美国长期资本管理公司（后文简称“长期资本”）可以说是当之无愧的第一名。《财富》曾发表文章评论说，长期资本拥有全世界最高的智商密度。

来看看长期资本拥有的智商密度：

- 诺贝尔经济学奖得主罗伯特·默顿（Robert Merton），加盟长期资本之前，先后执教于麻省理工学院斯隆管理学院和哈佛大学。他提出的著名的“默顿模型”被广泛应用于各种风险资产及金融衍生产品的定价工作中，并为当今蓬勃发展的金融工程学奠定了基础。

- 诺贝尔经济学奖得主迈伦·斯科尔斯（Myron Scholes），著名的期权定价方程 B-S 公式的创建者。
- 戴维·马林斯（David Mullins），美联储原副主席，曾被视为格林斯潘的继任者。
- 其他人还有：埃里克·罗森菲尔德（Eric Rosenfeld），毕业于麻省理工学院，后任哈佛商学院金融学副教授；威廉·克拉斯克尔（William Krasker），哈佛商学院教授；华人金融"大牛"黄奇辅，毕业于斯坦福大学，后执教于麻省理工学院、斯坦福大学和宾夕法尼亚大学；等等。

将这些"大神"拢到一起的是长期资本创始人约翰·梅里韦瑟（John Meriwether），一个被誉为能"点石成金"的"华尔街债务套利之父"，在创立长期资本之前，曾是华尔街大投行所罗门兄弟的副总裁。

这样的阵容后面有没有来者不好说，但"前无古人"是肯定的。默顿曾经抱怨说，梅里韦瑟挖走了整整一代学术精英，没想到后来自己也加入了长期资本。这样的投资天团，战绩怎么样呢？

一开始，长期资本可以说战无不胜。长期资本的认购门槛是 1 000 万美元，业绩提成比例高达 25%，比一般的对冲基金要高出 5 个百分点。然而，这样的门槛不仅没有吓住投资者，反而还吸引了许多业界一流机构，美林、贝尔斯登、科威特投资局、中国的台湾银行等都是长期资本的客户。

长期资本的旗舰基金于1994年2月正式成立，募集规模为12.5亿美元，是当时最大的对冲基金之一。在成立10个月后，该基金的投资回报率就达到20%，1995年其投资回报率是43%，1996年是41%，当年的盈利就达到21亿美元，远超麦当劳在全球一年卖10亿个汉堡包的利润。

更不可思议的是，长期资本的最大月回撤仅为2.9%，并且所有季度盈利都是正的。《经济学人》评论说，长期资本把风险管理从博弈变成了科学。

可惜这只是故事的一半。在金融领域有个“定律”，赚钱的策略有效期都很短。原因是金融领域都是高智商的聪明人，一个策略一旦被发现管用，很快就会被别人模仿，跟风的人多了，这个策略也就失效了。长期资本也不能例外，由于效仿的人太多，到1997年，长期资本的费后回报率就跌到了17%。不得已，长期资本最终决定将27亿美元退还给初始投资者。

然而，这一决定埋下了长期资本溃败的导火索。由于套利空间日益收窄，而27亿美元已经退还给投资者，长期资本只好不断提升组合的杠杆，从18倍提升到28倍，这意味着每一个点的波动将产生4 000万美元的潜在盈亏。极端的时候，长期资本的杠杆率竟然达到了惊人的100倍！

拥有“超级大脑”的长期资本对自己的模型有“迷之自信”，他们认真计算了组合中每一笔交易的风险敞口，认为风险完全可控。比如，他们计算的1998年8月组合的每天最大可能亏损仅为3 500万美元。然而，人算不如天算。当时正值亚洲金融危机，在8月21日当天，他们就损失了5.5亿美元，截至8月底，他们当年亏损了19亿美元，组合回撤达到了52%。9月，长期资本的收益继续直线坠落，9月10日亏损5.3亿美元，11日亏损1.2亿美元，14日亏损5 500万美元，15日亏损8 700万美元，16日亏损1.2亿美元，21日亏损5.5亿美元……

亚洲金融危机很快波及俄罗斯和巴西等国家。1998年之后，俄罗斯大量外资流出、外汇储备捉襟见肘、石油价格暴跌了四成左右，股票市场8个月内跌了75%，短期利率飙升至200%。8月17日，俄罗斯突然发表声明，他们不会考虑偿还外国债务，卢布马上就会贬值。也就是说，作为一个主权国家政府，俄罗斯政府竟然堂而皇之地宣告自己违约了。由于长期资本持有大量俄罗斯国债，这给了长期资本致命的一击。

短短150天，长期资本的资产净值就下降了90%，仅余5亿美元。兵败如山倒，长期资本的亏钱速度比赚钱速度更快。百般无奈之下，梅里韦瑟只得向美联储求助。1998年9月23日，美联储破天荒地召集了各大金融机构的头目，共同救助长期资本。为了防止发生系统性风险，美联储主导了长期资本的收购案，联合了14家华尔街的银行以36亿美元收购了90%的股权。又过了2年，长期资本被彻底清算，投资史上最著名的“豪华天团”彻底退出历史舞台。[1]

每个人都相信人终有一死，除了他自己

长期资本之败，底层的原因在于过度自信。首先，他们对自己的理论和模型过度自信。默顿和斯科尔斯信奉市场有效理论，认为如果价格出现了偏差，市场一定会把它纠正过来，价差一定会收敛。长期资本的方法本质上就是利用高杠杆赚价格收敛的钱。在亚洲金融危机中，其他人避之不及，他们却大举杀入，正是因为信奉这样的哲学。不料这时候人人都想卖出有风险的资产，有风险资产和无风险资产之间的价差越拉越大，他们的亏损也相应地越来越大。

其次，他们错误地估计了俄罗斯政府的信用。他们怎么也没有想到，俄罗斯政府会宣布违约。

长期资本的模型十分复杂，少有投资者能够听懂，有人戏称他们的模型可能是用来造原子弹的。然而精密的模型无法测度人性的善变，在极端情形下，人性的贪婪与恐惧轻松击穿了他们的模型。他们也没有正视自己的人性，过度自信与恐惧和贪婪一样，都是投资的大敌。

芒格的一段评论可以说十分到位："一个名叫长期资本的对冲基金最近因为对自己的杠杆交易模式过于自信而遭受了溃败，虽然他们的主要成员平均智商都有 160。聪明、勤奋工作的人们并不能在过分自信而导致的专业失败中得到豁免。通常他们只是在自己选择的更复杂的航行中触礁，所依赖的无非是他们有更高的天赋和更好的方法这样一种自我评价。"[2]

不光是长期资本，多数人都会犯过度自信的毛病。1995 年的一天，一个名叫麦克阿瑟 · 惠勒的劫匪在光天化日下抢劫了匹兹堡的两家银行，他没戴面具也没做任何伪装，在走出银行时甚至还对着监控微笑。随后警方很快就将他抓获，当警察们给他看监控录像时，他仍坚称监控造假，因为自己涂过了柠檬汁。警方调查后发现，惠勒既没有疯，也没有嗑药，他只是很夸张地"搞错了"柠檬汁的"隐形功能"。柠檬汁可以被用作隐形墨水，用柠檬汁写下的字迹只有在接触热源的时候会显形。受此启发，惠勒觉得只要他不靠近热源，他就应该是完全隐形的。

这个故事引起了康奈尔大学心理学家大卫 · 邓宁（David Dunning）和贾斯汀 · 克鲁格（Justin Kruger）的注意。他们由此开展了一系列研究，并提出了"邓宁 – 克鲁格效应"或"达克效应"。在实验中，邓宁和克鲁格让参与者完成一系列逻辑推理、语法测试和幽默感评估任务。完成任务后，参与者被要求评估自己的表现，并预测自己的成绩在所有参与者中的排名。

结果表明：表现最好的参与者（得分位于前 25%）会低估自己的表现，而表现最差的参与者（得分位于后 25%）则严重高估了自己的能力。一名参与者在逻辑测试中几乎答错了所有问题，却自信满满地表示：“我觉得我做得不错，至少比大多数人强！”这一研究结果非常生动地阐释了什么是“无知者无畏”。

邓宁和克鲁格指出，能力不足的人既不知道正确答案，也不知道自己不知道。而能力较强的人则更容易意识到任务的复杂性，因此也更谦虚。当然，这也不是必然，长期资本明显不懂得谦虚。

其他心理学家发起的不同心理测试，反映出大同小异的结果：80% 左右的司机认为自己的驾驶技术高于平均水平；84% 的法国男人声称自己是高出平均水准的好伴侣；2 994 位公司创始人认为自己创业成功的概率为 70%，他们却认为别人创业成功的概率只有 39%；甚至大多数吸烟者认为，他们染上与吸烟相关疾病的风险也要比别人小。

有一次，我与著名心理学家、中国积极心理学发起人、清华大学教授彭凯平对话，在聊到这个话题时，他说，教授们也是如此，约 80% 的教授认为自己的学术水平高于平均水平，尤其值得注意的是，在评判自己的道德水准时，几乎所有的人都认为自己的道德水准高于其他人。我们的过度自信还表现在当我们取得成功的时候，往往相信这源于自己的能力；而失败时，又往往把责任归咎于运气、环境或者他人。

简而言之，有太多的人认为自己属于统计数据以外的人，或者说是得到命运垂青的幸运儿。对此，18 世纪英国诗人爱德华·杨格（Edward Young）讽刺道："每个人都相信人终有一死，除了他自己。"亚当·斯密也曾写过："绝大多数人对自己的能力和对自己会交好运的愚蠢假设过分自负。"[3] 然而真相是残酷的。我们尊敬的芒格先生也是一位不留情面的"毒舌先生"。他曾点评道："生活中亘古不变的规律是，只有 20% 的人能跻身前 1/5。"

欺人者自欺以欺人

人为什么会过度自信呢？这可能要从人类的进化机制中寻找答案。试想我们那些处于丛林时代的祖先，刀耕火种，面对的是极其恶劣的生存环境，不但要躲避野火、洪水等自然灾害，还要直面凶猛的野兽，甚至要猎杀野兽以获取优质蛋白等生命元素。在这样的环境下，没有点勇气自然是不行的。正是生存的本能鼓励人类的祖先养成自信甚至是过度自信的性格。武松要不是有点过度自信（酒精助长了他的自信），很难想象他敢徒手打老虎。而从发展的角度看，过度自信的人往往比实际上显得更强壮和有实力，这也有利于在竞争中胜出，赢得异性的青睐，从而增加基因繁衍的机会。自信的人也更容易说服他人，从而获得合作或支持。所以自信的人通常比不自信的人能获得更多的资源以及更好的发展机遇。

著名进化生物学家罗伯特·特里弗斯（Robert Trivers）说，“自欺”为人类精神生活核心中“令人叹为观止的矛盾”。过度自信正是自欺的一种。自我欺骗不仅仅是内向的、防御的，而且具有更多外向性和自我服务性。

来看一下“懦夫游戏”，它的规则是两个人相向驱车笔直急速而行，先转向的一方告败。如果在游戏中，一方拆掉方向盘并举起它向对手挥舞示意，同时加速向对方猛冲过去，对手看他视死如归，一般都会先转向，把胜利让给他。拆掉方向盘相当于限制了自己的选择，这通常不是明智之举。但是为什么在游戏中能够奏效呢？经典决策理论认为：自我毁灭就其自身而言是毫无价值的，其价值在于让其他参与者确信你想毁灭自我。在懦夫游戏中，你之所以获胜，并非因为你无法转向，而是因为对手相信你无法转向。换句话说，你想成功欺骗别人，就必须先自我欺骗，正所谓“欺人者自欺以欺人”。[4]

这么看下来，自我欺骗竟是人类漫长进化史所带来的一项精神遗产，某种程度上它是我们的生存本能甚至发展的秘诀。一项针对竞技游泳运动员的研究显示，懂得自我欺骗的运动员在重要赛事中往往表现更佳，这应了中国古话——“狭路相逢勇者胜”。

所以，不必将过度自信一棍子打死，它是进化适应的产物，这一基因密码可以激发人类面对危险时的勇气和对于未来的探索激情。这正是著名经济学家约翰·梅纳德·凯恩斯所提出的重要命题

“动物精神”，在他看来，“我们之所以积极行动，很大程度上靠的是瞬间的积极心态，而不是以数字衡量的期望。无论这种乐观是道德方面的还是经济方面的。我们在乐观心态的影响下所做的决定，其结果可能需要很长时间才能显现出来，这种决定行为只能被看作动物精神的产物”。[5]

许多科学家和企业家喜欢幻想并勇于行动，并且常常表现出疯狂的自信，正是这些特质使他们完成了许多常人无法想象的奇迹。芒格先生多数时间都在教导人们要保持理性，但是他也讲过一句非常不一样的话，他说：“千万不要低估那些高估自己的人。”[6]

搞发明创造是一回事，做投资却是另一回事。在投资中如果总是过度自信，迟早会被市场痛击。

投资中的盲目自信损害财富的积累

接下来就让我们来看一下过度自信可能给投资致富造成哪些副作用。

过度自信的人容易产生控制错觉。回想一下，我们在玩手游控制赛车方向的时候，其实用手操作就可以了，但是我们的身体会不自觉地向左或向右倾斜，似乎这样就可以影响游戏里的车子方向。

这就是控制错觉。它最早是在1965年被发现的，实验方式是一盏灯和一个手动开关。受试者可以操作那个开关，但实际上灯的明灭是随机的，即使这样，受试者也坚信是自己的操作在影响灯。

还有一个故事是说，每天上午快9点时，一个头戴红帽子的男人就会站在一座广场上，疯狂地将帽子挥来挥去。5分钟后他又消失了。有一天，一位警察走到他面前说：“你到底在做什么？”男人答道：“我在驱赶长颈鹿。”警察反驳道：“这儿没有长颈鹿。”男人答道：“没错，这正是因为我干活干得好。”[7]

我们一不小心就会掉入控制错觉中，在股市中也是如此。过度自信的倾向在投资者中表现得尤为强烈。与其他大多数人相比，投资者往往更能夸大自己的技能，更会否认机会、运气的作用。他们会高估自己的知识水平，低估相关风险，就如长期资本那样，以为可以通过模型完美地控制风险，这本质上也是一种控制错觉。

过度自信在投资中的另一个典型表现是择时。散户一般都非常相信自己对时机的把握能力，他们在认为有机会时买进，稍有风吹草动就抛出，于是频繁进出市场。殊不知，盲目的择时行为不仅会打断复利的累积，还会错失创造收益的重要时间窗口。

美国著名投资家林奇发现，关键几天往往可以成就或是摧毁整个投资计划。在20世纪80年代股市上涨的5年中，股价每年的涨幅大约为26.3%，坚持长期持有的投资者资产会翻番，但其实这 5 年的大部分利润是在 1 276 个交易日中的 40 个交易日中赚取的。如果在那 40 个交易日中选择空仓的话，年均收益率可能就会从 26.3% 降到 4.3%。

拉斯洛·比里尼（Laszlo Birinyi）在其著作《交易大师》（*The Master Trader*）中研究了一个更长的时段，他计算之后得出的结论是：倘若一位投资者坚守买入持有策略，于 1900 年将 1 美元投入道琼斯工业指数，那么到 2013 年年初，这 1 美元将升值为 290 美元。然而，倘若该投资者错过了每年中最好的 5 个交易日，那么到 2013 年，1 美元投资的价值将不足 1 美分。

这些都是美股的数据，“牛短熊长”的 A 股又如何呢？2002 年 1 月 1 日至 2019 年 11 月 30 日，沪深 300 指数统计显示，如果错过涨幅最高的 10 个交易日，年复合收益率将从 6.3% 下降到 1.8%。10 个交易日在总计 4 324 个交易日中占比仅为 0.23%，却贡献了 71.4% 的收益。如果换个算法，去掉涨幅最高的前 20 个交易日，结果如何？年复合收益率竟变为了负数！

结论不言自明。股市创富的时间窗口并非时时打开，相反它如此微妙又如此短暂，如同昙花一现。所以，如果缺乏专业能力的保驾护航，择时其实是一种相当危险的动作。“根据市场波动来卖股票的行为实质就是选时。选时者试图预测短期市场波动和股价波动，并据此获得盈利而退场。但是，没有多少人可以用这种傻瓜都懂的方法真正赚到钱。如果真是这样，那这个人早就成了亿万富翁，而不是比尔·盖茨和沃伦·巴菲特了。”彼得·林奇写道，“人们还认为在市场调整的时候投资股票是非常危险的，但他们忘了，踏空同样也是有风险的。”[8]

投资时过度自信的人还容易犯追高追涨的错误。这主要体现在牛市当中，每次牛市来临，乐观的人就开始相信这一次将与过去不同，新的纪录将被创造，于是在 3 000 点的时候遥望 5 000 点，在 5 000 点时又觉得股市会突破 10 000 点。牛市刚起步的时候，散户一般还比较谦虚，还会咨询一下专业人士的看法，但是一到牛市高潮的时候，散户就摇身一变而成“股神”了，那时候他们就要开始向专业人士提供投资指导了，而这也被认为是牛市到头的特征之一。

无论是控制错觉、择时还是追涨，其成功都需要建立在准确预测未来的前提之上，过度自信的人显然认为他们能够做到这一点。遗憾的是，预测能否成功并不取决于一己之勇，而是取决于两个条件：一是确定性环境，二是反复练习。

所谓确定性环境，是指不存在无限变量的环境，该环境要有规律可循。反复练习不难理解，“一万小时定律”便是反复练习。比如竞技体育中的百米短跑，因为人类的体能有局限，所以运动员能获得的最佳成绩不会很离谱，即使是博尔特也不可能突然 100 米跑出一个 5 秒的成绩，同时顶尖运动员之间的排名格局也很难打破。这样的场景便符合确定性与反复练习的特点，相对容易预测。学生考试也是如此，考试有范围限制，题目即使再千变万化终究也逃不出题库的范围，通过反复刷题，每个考生能够达到什么分数大致也可以预测。

但是，股市不同，它有数亿参与者，同时经济数据、政策变化、大国关系，甚至自然灾害、突发事件等，都有可能影响股市，其环境具有高度不确定性。在这样的环境下，即使你再反复练习，投资经验的可重复性依然非常差。所以，预测不准是股市的常态。

自信是一种美好的品质，适度的“盲目自信”有益于个体在事业上的成功，甚至社会的整体进步。但这也要区分领域，在体育竞赛、发明创造等方面，这种精神或许利大于弊，不过在像股市这种极为复杂的领域，过度自信恐怕不是什么好事，它呈现出的更多是进化失配的结果——与股市这样的环境不兼容。

《偏差》一书的作者奥利维耶·西博尼（Olivier Sibony）有句话非常精辟。他说：“创造未来需要乐观，预测未来时的乐观却可能致命。”①[9] 在测不准的环境下，我们需要多一分敬畏之心。

①《偏差》一书通过引人入胜的案例，展示了认知偏差如何经常导致人们陷入决策陷阱。该书中文简体字版已由湛庐引进，由中国财政经济出版社于 2022 年出版。——编者注

破解之道 1：认识你自己

承认无知是智慧的开始

在经典科幻电影《黑客帝国》中，先知对正处于迷惘当中的未来救世主尼奥说：“认识你自己。”这是一个古老的命题。

我曾经去过一趟德尔斐。德尔斐是希腊的一个地名，从雅典乘坐大巴一路往北，穿行过奥林匹斯诸神曾经飞舞的苍翠群山，2小时左右就可以到达。现在知道德尔斐的人已经不多了，但是在3 000年前，这里可是世界上最热闹的地方之一，尤其在泛希腊先民的眼里，这里更是世界的中心。古希腊神话里，众神之父宙斯放飞了两只鹰，它们绕地球相向而飞，最终会合于德尔斐。希腊人在这里建造了阿波罗神庙，并在其正中立石为记，形成“地球之脐”。

“地球之脐”驱动着泛希腊先民们的步伐，他们从雅典城邦赶来，从伯罗奔尼撒半岛赶来，从克里特岛赶来，甚至从爱琴海对面的小亚细亚赶来……他们络绎不绝地赶来，只为听取阿波罗给出的神谕。嫁娶、吉凶、生死、战事，当然也少不了政治，阿波罗通过女祭司皮提亚之口尽可能地给出答复。

阿波罗神庙位于一个陡峭的山坡上，正前方是空旷的山谷。神庙仅剩下几根残柱，而且被围栏阻隔，无法靠近。旅人们只能在脑海里努力勾勒德尔斐鼎盛时期的样子：以阿波罗神庙为核心的建筑群巍然矗立，神庙的顶部镌刻着奥林匹斯众神的浮雕，门柱上则是那句照耀千古的神谕——“认识你自己”。

所谓神谕，本是人言，只是希腊先哲不够自信，借神祇之口以增加权威。这句神谕之所以流传数千年不息，是因为它道出了人性的斯芬克斯之谜——“我是谁”。

“认识你自己”听起来很容易，实际上却很难。漫步于德尔斐的遗址当中，我的脑海里浮现出一幕场景：公元前 399 年，雅典公民法庭以 280∶221 的投票结果判处西方哲学之父苏格拉底死刑。苏格拉底奉“认识你自己”为自己的信条，终生致力于教导雅典公民如何理性思考。给出最伟大神谕的地方，却也造成了最令人惋惜的人性悲剧。

苏格拉底之后，理性之路道阻且长。如果再去看看拥有 135 个塔尖的意大利米兰大教堂，然后去佛罗伦萨看看《大卫》雕像，以及波提切利最著名的画作《维纳斯的诞生》和《春》，就可以清晰地看见历史穿越人神共治、神统治人而抵达人性复归的过程。人类到了佛罗伦萨，才开始重新认识自己。

然而理性尚未成功，“认识你自己”的课题或许将伴随人类始终。2016 年 6 月，英国以公投的形式表决脱欧，令全球大跌眼镜，事后调查发现，许多英国人并不知道欧盟是什么。在《大卫》雕像被创作出来500多年后，英国人用一次公投在人类的理性路途上制造了一个大大的国际问号。

95%的人不知道自己不知道

投资所面临的最大难题同样是“认识你自己”。猎豹移动CEO傅盛曾改造过一幅人类认知的4个阶段图（见图1–1），非常精彩。这张图显示95%的人处于第一个阶段，即“不知道自己不知道”。第二个阶段是“知道自己不知道”，但这样的人只占总数的4%。第三个阶段是境界更高的“知道自己知道”，巴菲特和芒格应该就处于这个境界，他们知道什么东西是买了大概率不会亏本的。但这样的人只占0.9%，可谓百里挑一。最顶尖的一群人，他们“不知道自己知道”，仅占0.1%的比例，千里挑一，那大概指的就是那些智慧超凡的哲人了。[10]

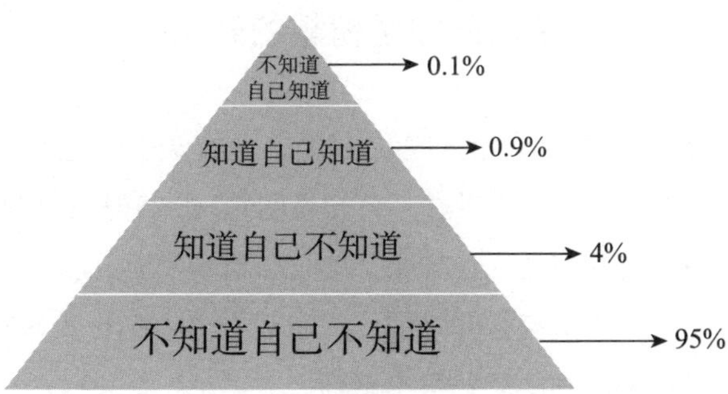

图1–1 人类认知的4个阶段

可见，芸芸众生中绝大多数人都属于“不知道自己不知道”的状态，另外有些人可能本来是“知道自己不知道”的，但是一旦进入群体，却又变为“不知道自己不知道”了。人不是孤立的存在，社会学家古斯塔夫·勒庞指出，个人一旦进入群体，他的个性便很可能会被湮没，群体的思想便会占据绝对的统治地位，而在一些情况下，群体的行为会表现出排斥异议、极端化、情绪化等特点。[11]

股市是一个典型的群体结合，人群中的我们所踩过的认知缺陷的“雷”可不止一两个。过度自信就是其中打头阵的那一个，其余的还有我们接下来要讲到的贪婪与嫉妒、急于求成、禀赋效应、锚定效应、损失厌恶、被剥夺超级反应、无为综合征、极化思维、盲目从众、线性思维、故事思维等，总有一款适合你。所以芒格说：“最重要的是，别愚弄你自己，而且要记住你是最容易被自己愚弄的人。”

承认无知是智慧的开始

那么破解的药方是什么呢？答案往往蕴含于问题之中。老子在《道德经》中说“知人者智，自知者明”，能够把别人看很清楚，说明他是一个有智慧的人；如果能够把自己看清楚，说明他是一个真正明智的人。人贵有自知之明，只有建立清晰的自我认知，才是破解过度自信等认知缺陷的根本良药。

看看这些投资大师就知道，一流的投资家都是自我认知的高手，而且他们也给出了建立自我认知的忠告。

投资大师、橡树资本董事长霍华德·马克斯说：最大的投资错误不是来自信息因素或分析因素，而是来自心理因素。他详细列举了影响投资最主要的7个心理因素：贪婪、恐惧、自欺欺人、从众、嫉妒、自负、妥协。马克斯给出的忠告是“认识它们”。

“债王”比尔·格罗斯在自己办公室的墙上贴了一条语录：“实践中，投资人必须提防许多东西，最重要的是提防自己。这是做好投资的关键一步！”格罗斯给出的忠告是“提防自己”。

20世纪20年代，华尔街最传奇的股票作手杰西·利弗莫尔也说过：“投机者最大的敌人往往是他自己，因为人类有希望与恐惧的本性。”他还指出：“自以为了不起是一种病，它在任何地方对任何人来说都是一种代价昂贵的弊病，在华尔街，对于一个投机者来说，尤其如此。”所以，“如果一个股票交易者能学会如何避免妄自尊大，付出再高的代价也是值得的”。利弗莫尔本人虽以悲剧收场，但他的悲剧主要由德行不够引起，不可否认他仍然是自我认知的大师。利弗莫尔的忠告是“避免妄自尊大”。[12]

从人类认知的4个阶段图也可以看出，一旦我们持有谦虚的态度，承认自己很多事情不知道，其实就已经进入了4%的少数人之列。承认无知比自以为是要高明得多，就如芒格所说，“承认无知是智慧的开始”。

这是有学术依据的，美国发展心理学家约翰·弗拉维尔（John Flavell）在20世纪70年代提出了“元认知”的概念。元认知是“对认知的认知”或“对思考的思考”，它指的是我们对自己如何学习、记忆、解决问题和做决策的意识及控制能力。比如，能够轻松解答一道数学难题的同学，我们说他拥有很强的认知能力。另外一位同学解这道数学题时很困难，但是如果他能够意识到自己的解题思路出了问题并及时调整，最终也解答了难题，或者他意识到自己不是学数学的料，干脆扬长避短去学习文科，那么他就是一个具备很强元认知能力的人。能准确地知道自己表现得怎样，并能准确地评价自己的能力就属于元认知能力。相反，无知而不自知的则是“元认知缺陷”患者。苏格拉底曾说：“我知道我是聪明的，因为我自知无知。”芒格或许受到过苏格拉底的启发。

圣人尚且如此，我们的财富认知之旅，就从承认自己的无知开始吧。

02

以“理性自律”破解“贪婪与嫉妒”

认知陷阱 VS. 破解之道

贪婪与嫉妒

最令人头疼的事莫过于
看到朋友发大财

保持理性

战胜他人不如
战胜自己

认知陷阱 2：贪婪与嫉妒

最令人头疼的事莫过于看到朋友发大财

美国大文豪马克·吐温曾说过一句俏皮的投资名言：“10 月，是股票投资最危险的月份之一。其他最危险的月份是：7 月、1 月、9 月、4 月、11 月、5 月、3 月、6 月、12 月、8 月和 2 月。”仔细数一数，竟然全年 12 个月都是危险的！

只有了解了马克·吐温的生平之后才会知道，这并不是大文豪的经验总结，而是他的切肤之痛。马克·吐温是当时美国稿费收入最高的作家，本来可以过上很富足的生活，却成功地通过投资把自己搞得负债累累，后半生只好通过马不停蹄的全球演讲来还债，真是靠才华赚钱，又靠实力赔光的典型案例。

马克·吐温在投资上称得上是屡战屡败。他早年曾经买过俄勒冈铁路公司的股票，在 78 美元的高点买入，然后在 12 美元的低点卖出。

他曾经投资过一个发明家，这个发明家号称在做一款蒸汽机。马克·吐温每周给这个发明家提供 35 美元，作为他的“天使投资人”。这个发明家也会每两周和他沟通发明进展。最后却发现，这个人居然用马克·吐温每周给的钱买了酒喝。

马克·吐温还曾经投资过一种新型打字机，先是投资了 2 万美元，然后这个投资项目就变成了一个无底洞。在此期间，他多次感觉到不对。但是对方总是说，你已经投了那么多钱了，就再多投一些，马上就要成功了。马克·吐温不断进行“补仓”。结果却是其他竞争对手更早地把最新打字机研发出来并且实现了商业化。在这项投资中，马克·吐温赔掉了一大笔钱。

为了版税不被出版公司截留，马克·吐温又想到了开自己的出版公司，帮助他开出版公司的是他外甥。一开始，公司发展很顺利，他的小说《哈克贝利·费恩历险记》和尤利西斯·格兰特的《格兰特将军回忆录》都大获成功。被胜利冲昏头脑的马克·吐温决定扩大出版业务。其实他的外甥根本不懂如何经营一家公司，他更不懂，两个外行的矛盾越来越多，最后他的外甥一走了之。马克·吐温只好亲力亲为，但是他一看到账目就头疼，而且他又好面子，经常不计回报甚至倒贴钱为朋友出书。这家出版公司勉强维持了 10

年，最后在 1894 年的经济危机中彻底坍塌。他为此背上 9.4 万美元的债务，债权人竟有 101 个之多。他的投资活动彻底宣告失败。

贪婪的伏隔核

像马克·吐温这么聪明的人本来完全可以凭借才华过得很好，为什么还如此沉迷于投资呢？被称为最懂投资心理学的贾森·茨威格（Jason Zweig）说，马克·吐温可能控制不住自己，因为他对财富的贪求在很年轻的时候就被激发出来了。

早在 1862 年，也就是马克·吐温 27 岁的时候，他同一位合伙人在内华达州发现了一个银矿。于是，他“就像一个电池给自己充满了电一样”，开始天马行空地幻想自己的财富：“我将在旧金山的核心地带建造一个占地两英亩的庄园，还要去欧洲游历 3 年。”这样的想法让他彻夜难眠，他也的确因为银矿的发现在短时间内成了纸面上的千万富翁。然而，不久后，他们对银矿的所有权突然因为法律上的问题被剥夺，马克·吐温因此病得很重，很伤心，也很绝望。每当想到钱的时候，可能银矿的记忆就会让他的大脑反馈回路超速运转，结果形成了一种对一夜暴富的终生性的迫切渴望。[1] 他后来在文学作品中写道，“矿井无非是一群骗子拥有土地上的一个洞而已”，这同样是由切肤之痛凝结而成。

马克·吐温的一夜暴富梦并不可笑，我们有几个人没有做过这样的梦呢？贪婪本是人类本性，我们脱胎于刀耕火种、时时可能断食断粮的原始祖先。为了确保生存，发展出一点贪婪的特质，看到食物就两眼放光并想占为己有，完全是情有可原的。所以，贪婪跟自信一样，同样是一种进化适应。

茨威格所说的大脑反馈回路就是进化所留下的神经学遗存。在人的大脑中有一个名为伏隔核的反射性区域，它位于眼睛后面的深处、大脑额叶的后部，卷曲着伸向头部中心，它是大脑中负责体验预期收益快感的区域。神经实验证明，当我们面对马上能够获得收益的机会时，伏隔核会变得十分活跃。有意思的是，如果即将获得收益的机会是确定的，伏隔核反而不会变得明显活跃，也就是说，可能获得收益的预期比确定的收益更能够刺激伏隔核。[2]

让每个参与者都“预期能够赚一大笔钱”正是彩票或者赌博机制的心理奥秘所在，虽然参与者知道彩票中奖的概率微乎其微，但仍然有许多人乐意参与其中。

投资在某种程度上也有相似之处。投资虽然专业度很高，参与门槛却很低，这样每个人都可以体会一下一夜暴富的幻想。这种幻想激发了投资者的贪婪，而过分贪婪很可能将投资者推向深渊。

贪婪有个“近亲”

有这样一个故事，俄罗斯某个农村有两个农夫是邻居，两个人都穷得叮当响，区别是其中一家多了一头又瘦又干的驴子。有一次，没有驴子的那个农夫发生了一桩奇遇，一位神来到他面前并允诺可以帮助他实现一个愿望，愿望的内容不设限。农夫想了想说，希望神把他邻居家的驴子弄死。神问为什么要这样做，农夫说，这样他就和他隔壁那个家伙平等了。这个故事不由让人想起巴菲特的一句话：“驱动这个世界的不是贪婪，而是嫉妒。”

由于嫉妒而扭曲投资行为的现象并不少见，甚至一些高手也难以避免，其中就包括斯坦利·德鲁肯米勒（Stanley Druckenmiller）。德鲁肯米勒是何人？他曾经是全球最成功的宏观对冲基金经理之一，是量子基金所选的第十位也是最成功的接班人。20 世纪 80 年代初，德鲁肯米勒就已经在投资界获得美誉。当时，他的投资风格已从单一持有股票组合转向债券外汇和股票综合的宏观策略。1988 年，德鲁肯米勒受邀成为量子基金的基金管理人之一。虽然出身背景大相径庭，但他与量子基金的著名创始人在内心深处却惊人地相似：全球性的宏观视野、纯熟灵活的交易技巧，以及在世界任何一个市场做大手笔交易的钢铁意志。以至于这位创始人惊呼：“我找到了我的克隆人。”

德鲁肯米勒最著名的手笔是 1992 年策划做空英镑和意大利里拉、做多德国马克，一举为量子基金获利近 20 亿美元。然而，在

2001 年科网泡沫破裂的时候，由于参与高科技股票和生物科技股票的投机，德鲁肯米勒蒙受惨重的损失，并因此离开了量子基金。德鲁肯米勒为什么会参与科技股的投机呢？用芒格的话说，是他无法忍受其他人从科技产业赚钱而自己没有赚到，所以才亏得一塌糊涂。“他总是必须成为最好的，无法容忍其他人在这些投资领域击败他。”芒格说。

嫉妒是怎么来的呢？芒格的《人类误判心理学》（*The Psychology of Human Misjudgement*）中专辟一节写嫉妒。他推测，在物种进化的过程中，难免有某个物种的成员会挨饿，当这个成员看到食物时，就会产生占有食物的冲动。如果被看到的食物实际上已经被同物种的另外一个成员占有，那么这两个成员之间往往会发生冲突。[3]这个进化机制留下了嫉妒的人类心理特征，所以嫉妒也是进化适应的产物。这一特征在儿童身上体现得尤为突出。一旦兄弟姐妹得到了新的玩具或者父母的额外表扬，儿童会表现出强烈的嫉妒心。

嫉妒还有个非常有趣的特征：它只会发生在相邻的阶层，而不会跨越多个阶层。举例来说，作为普通人，我们通常不会嫉妒电影明星，不会嫉妒姚明或刘翔，也不会嫉妒马化腾或马云，因为他们离我们这些普通人太远了。嫉妒他们的可能是与他们的财富地位有一定落差，但是差距又不是太大的那些人。普通人只会嫉妒普通人，正如古希腊诗人赫西奥德所说的：“鞋匠嫉妒鞋匠，木匠嫉妒木匠。”

嫉妒可以说是贪婪的孪生兄弟，但是芒格认为，相较于贪婪，嫉妒在心理学中所受的重视不够。在这方面，芒格还有个有趣的发现。在他看来，因为嫉妒这个心理非常重要，所以按理来说，心理学教科书会用大量的篇幅来谈论。但是他说他翻读了 3 本心理学教科书都没有看到这样的内容。实际上，那些教科书的索引上根本就找不到“艳羡”和“嫉妒”这两个词。各种学术会议上也同样如此，很少有人公开讨论这个话题。

芒格猜想，这是因为人们普遍认为，说某种立场是由艳羡或嫉妒促成的，是对采取那种立场的人的极大侮辱，那么这种对嫉妒避而不谈的禁忌就完全可以理解了。换句话说，嫉妒其实带有很强的隐蔽性，它不易被察觉，从而也更难被及时纠正。

但是嫉妒的坏影响确实是实实在在的。《疯狂、惊恐和崩溃》的合著者之一查尔斯·金德尔伯格有一句话十分经典，他说：“最令人烦心、最令人头疼的事莫过于看到朋友发大财。”[4] 马克斯也说过类似的话：“嫉妒比贪婪更具负面影响，是人性里危害最大的一个方面。投资者大多难以接受别人赚钱比自己多这一事实。”为什么股市里羊群效应特别强大，很重要的原因就是投资者看到周边的人赚了钱，会在羡慕、嫉妒心理的驱动下走向追涨之路。这样的心理刺激连牛顿、马克·吐温、德鲁肯米勒这样杰出、聪明的人都难以避免。

在当今的自媒体时代，一夜暴富的财富故事天天占据着人们的眼球，贪婪与嫉妒就如同插上了会飞的翅膀，“树欲静而风不止”，不贪不妒何其难！

破解之道 2：保持理性

战胜他人不如战胜自己

看巴菲特传记，有两个细节令人印象深刻。一个是关于他打高尔夫的。巴菲特投资做得很好，但是高尔夫却打得不怎么样。有一次，他参加了一场户外高尔夫运动，在 3 天内一杆进洞的成绩为零。于是，巴菲特的球友们决定同他打一个赌：如果他不能一杆进洞，只需付出 10 美元；而如果他做到了，可以获得 20 000 美元。在场的每个人都觉得这是个不错的建议，但巴菲特拒绝了。

另一个细节是关于巴菲特与比尔 · 盖茨的故事。众所周知，他们两位是忘年交，经常一起打牌、一起旅游、一起谈论商业，可以说无话不谈。可是当盖茨建议巴菲特投资微软的股票时，巴菲特却不为所动。不过为了友谊，巴菲特在盖茨生日的时候买了 100 股微软的股票，用的还是自己的钱，而不是公司的钱。[5]

从普通人的角度看第一个故事，似乎觉得巴菲特挺无趣，不就是小赌一下嘛，又不是输不起，还能与球友们娱乐一下，何乐而不为呢？但是在巴菲特看来：“如果你不学会在小的事情上约束自己，在大的事情上也不会受到内心的约束。”[6]

从第二个故事看，巴菲特似乎挺小气，对朋友不仗义。如果你真这么想那就大错特错了，巴菲特不仅对老朋友不小气，还将大部分资产捐给了盖茨基金会，价值约合 310 亿美元！全世界也没有几个人像巴菲特那么慷慨大方。巴菲特之所以不买微软股票，是因为他要恪守“不熟不投”的能力圈原则。

投资的要义是要认识到自己的种种心智缺陷，然后用坚定的自律精神使自己尽量保持理性。芒格说过：“在生活中不断培养自己的理想性格（投资性格）：毫不妥协的耐性，自律自控——无论遭受多大的压力，也不会动摇或者改变原则。”

高度的自律是巴菲特和芒格免于随波逐流的法宝。“知之为知之，不知为不知”，他们绝不会因为潮流或者嫉妒别人赚了大钱而改变投资决策。还以拒绝投资科技股为例，不妨再引一句 1999 年巴菲特致股东的信中的表述：“虽然我们不得不承认它们所提供的产品与服务将会改变整个社会，但问题是就算我们想破头，也没有能力分辨出在众多的高科技公司中，到底哪些公司拥有长远的竞争优势。”

正是因为他充分知道自己的长处，所以他并不慌张。“缺乏对科技的洞察力丝毫不会使我们感到沮丧……如果其他人声称拥有预测高科技产业中的企业经济前景的技巧，我们既不会嫉妒，也不会模仿他们。”

良好的自我认知加上强大的自律性，使巴菲特在长达 60 多年的投资生涯中，回避了众多的市场诱惑，躲过了 20 世纪 60 年代的“电子风潮”、80 年代的“生物概念”“垃圾债券”，也躲避了 20 世纪末的“科网泡沫”。

战胜他人不如战胜自己

巴菲特和芒格为何能保持如此强大的自律精神？这与他们几十年如一日不停地自我提升密不可分。巴菲特和芒格都是学习机器，芒格如此描述巴菲特：“如果你们拿着计时器观察他，会发现他醒着的时候有一半时间在看书。他把剩下的时间大部分用来跟一些非常有才干的人进行一对一的交谈，有时候是打电话，有时候是当面交谈，那些都是他信任且信任他的人。仔细观察的话，沃伦很像个学究，虽然他在世俗生活中非常成功。”

说到学习能力，芒格比之于巴菲特恐怕有过之而无不及。直到 95 岁的时候，芒格每周还是要看 20 本书，看到兴奋时可以熬夜阅读到凌晨。芒格的孩子们嘲笑他是“一本长了两条腿的书”。他在南加州大学毕业典礼上的演讲传递给毕业生的人生经验不是别的，而是让自己成为一部“学习机器”，以便“每天夜里睡觉时都比那天早晨聪明一点点”，而只要做到每天进步一点点，如果足够长寿，最终，大多数人都会获取应得的回报。

如果说持续学习是让自己保持理性自律的法宝，那么“自我批判”则是另外一件利器。许多伟大的人物都掌握这件利器。艺术家达·芬奇就是这样。他说：“我们都很清楚，我们更善于从别人的作品中发现错误，而非自己的作品。所以，画画的时候，应该准备一个平面镜，时常从镜子中审视自己的作品，作为备用观点。因为从这样的角度来看，作品似乎出自别人之手，没有什么办法比这种方式更能发现作品的瑕疵了。”

科学家达尔文也是这样，他早年就刻意训练自己重视那些与自己观点不同的证据，而且他对自己的哪个假说越是珍视，就越是重视关于这个假说的不同证据。爱因斯坦也类似，他总结自己的成功经验有 4 个，其中“自我批评”的排名比“好奇”“专心”“坚持不懈”都靠前，是重中之重的。

东方的圣人先贤也拥有类似的特质。曾子说：“吾日三省吾身：为人谋而不忠乎？与朋友交而不信乎？传不习乎？”日本“经营之圣”稻盛和夫为了防止自己骄傲，养成了一个个人习惯。每当哪一天自己说了过头话，出现了骄傲的苗头，回到家里，他就会对着镜子严厉地斥责自己："混账！"然后说："神啊！对不起！我向您认错。"最后再说："神啊！谢谢您，因为是您让我意识到自己不对。"

芒格和巴菲特也非常善于自我批判。芒格说："我们常常需要改变错误的决定。可以说，这是让生活沿着正确的轨道运行的重要一部分。人孰能无错？如果你能及时认识到并采取补救措施，常可以化腐朽为神奇。"巴菲特则说："如果发现自己掉到洞里，那首要的任务就是停止继续往下陷。"

老子《道德经》说："胜人者有力，自胜者强。"能够胜过他人的人是有力量的人，而能够战胜自己的人才是真正的强者。巴菲特、芒格、曾子、稻盛和夫都是这样的自胜者。

发扬绝对主义，抛弃相对主义

大师们说起来似乎很轻松，其实自我否定和自我批判极为不易，因为这种做法是逆人性的。凯恩斯对此有精彩论断，他说："新思想之所以很难被接受，并不是因为它们本身太过复杂，而是因为它们与原有的思想不一致。"[7]

所以要想做到自胜，也需要一点心理技巧。芒格和巴菲特很少谈及战胜他人或是战胜市场，而是经常谈及自我管理。根据嫉妒主要发生在同圈层之间的定律，芒格似乎最应该嫉妒，因为他与老搭档巴菲特之间有着巨大的财富差距——巴菲特的财富超过千亿美元，芒格的财富却只是巴菲特的一个零头。

芒格为什么能做到不嫉妒？因为他对嫉妒有过深刻的剖析。他说，关注别人财富的想法是一种“致命”的罪行。嫉妒真的是一种愚蠢的罪行，因为它是仅有的一种你不可能得到任何乐趣的罪行，它只会让你痛苦不堪。你为什么要嫉妒呢？

他还说过，如果你已经相当富裕，而别人的财富增长速度比你更快，比如，别人在投资高风险的股票上赚了钱，那又怎样呢？总会有人的财富增长速度比你快。这并不可恶。有人曾在伯克希尔-哈撒韦公司的股东会上当面问过芒格，为什么巴菲特远比他有钱。芒格说，可能是因为巴菲特起步更早、更聪明。停顿一会之后他反问道：“为什么爱因斯坦没有我有钱？”这句话引得现场哄堂大笑。

芒格之所以能做到如此淡然和幽默，我想关键在于他专注于自己的目标。他的目标并不在于财富积累，而在于追求人格的独立，财富积累只是实现这一目标的手段。

芒格提供了一种我称之为“绝对主义”的为人处世之道——确立自己的人生目标，然后一步一步朝着这个目标前进。我的人生我做主，我就生活在自己的绝对王国里，至于旁人如何，关我何事？反过来说，习惯于攀比和嫉妒的人很可能是始终没有找到自己人生目标的人，所以始终在相对主义的魔咒里打转。因为嫉妒本质上是一种相对主义，通过与身边人的横向比较导致心理失衡。如果说贪婪和嫉妒是进化的适应性产物，那么在物质极大丰富和个性发展大解放的现代社会下，它们显然变成了进化失配性认知疾病。

2022 年 2 月，在北京冬奥会上一跳成名的运动员谷爱凌，当被美国有线电视新闻网（CNN）记者问及如何做到让中美两国的人都喜欢她，以及如何应对互联网上的一些批评时，谷爱凌说她并没有考虑过要取悦谁，她只是想做最好的自己。新一代年轻人的这种绝对主义式的生活态度是一种理性的人生观，很值得体会。

用系统 2 战胜系统 1

我们还可以从另外一个角度理解理性的重要性。在历届诺贝尔经济学奖得主中，2002 年获奖的美国普林斯顿大学以色列籍教授丹尼尔·卡尼曼[①]与美国乔治梅森大学教授弗农·史密斯显得与众不同，他们因“把心理学研究和经济学研究结合在一起，特别是与不确定状况下的决策制定有关的研究”而得奖。

① 丹尼尔·卡尼曼，诺贝尔经济学奖得主、行为经济学之父。他的著作《噪声》指出，我们之所以常常会做出糟糕的决策，都源于忽略了噪声对决策的影响。该书中文简体字版已由湛庐引进，由浙江教育出版社于 2021 年出版。——编者注

在卡尼曼之前，经济学和心理学在研究人类决策行为上有着极大的区别：经济学的观点认为，外在的激励形成人们的行为，而心理学恰恰相反，认为内在的激励才是决定行为的因素。卡尼曼在不断修正“经济人”假设的过程中，看到了经济理性这一前提的缺陷，发现单纯的外在因素无法解释复杂的决策行为，由此正式将心理学的内在观点和研究方法引入了经济学，并成为这一新领域的奠基人。

在他的代表作《思考，快与慢》中，卡尼曼提出了一个著名的观点：人的大脑存在两个系统，他称之为系统 1 和系统 2。系统 1 代表直觉，系统 2 代表理性。两个系统分别对应快与慢两种做决定的方式。系统 1 的操作是快速的、平行的、自动化的、不耗费资源的、联结的、内隐的（无须反省），并且通常是情绪驱动的，它经常为习惯、经验、刻板印象所支配，因此很难控制或修正；系统 2 的操作则是缓慢的、系列的、控制的、耗费资源的、不容易出错的、存在意识控制的。对照本书引言的内容，系统 1 相当于本能脑和情绪脑，系统 2 则对应理性脑。

系统 1 和系统 2 的地位孰高孰低呢？通常来说，系统 2 会默认自己是当家做主的人，但其实系统 1 才是真正的主人；系统 2 比系统 1 高级，但系统 1 具有决定性。在人类的进化过程中，往往越原始、越本真的东西，越具有决定性，系统 1 的模式内置在基因中，可以快速且自动地启动，而系统 2 的启动则很难。

卡尼曼提醒，在我们的日常行为中，“衣食住行”等 98% 的日常决策依然可以使用系统 1；人生最重要的 20 ～ 30 次决策，则要使用系统 2。[8] 投资决策属于具有高度专业性的工作，需要高度的自知之明，所以更需要依靠系统 2 而不是系统 1 的力量。如果使用直觉进行决策，就会掉进种种认知误区之中。

属于系统 2 的思维方式包括长期思维、未来思维、逆向思维、周期思维、概率思维等，在接下来的篇章中我将一一阐述。

03

以“长期思维”破解“急于求成”

认知陷阱 VS. 破解之道

急于求成	长期思维
人类本能地渴望立竿见影的效果	时间的妙处在于它的长度

认知陷阱 3：急于求成
人类本能地渴望立竿见影的效果

宋国有一个养猕猴的人（我们可称其为宋公），他很喜欢猕猴，所以养了一大群。他能理解猴子们的心意，猴子们也能够了解宋公的心思。宋公会减少全家的口粮，来满足猴子们的欲望。然而过了不久，家里食物不够了，他想要限制猴子们吃橡栗的量，但又怕猴子们不听自己的，就先瞒哄它们：“我给你们橡栗，早上三颗，晚上四颗，够吗？”猴子们一听，十分恼怒。过了一会儿，他又说：“那早上四颗，晚上三颗，够吗？”猴子们不再反对，一致同意。

不知道为什么，《庄子·齐物论》里的这个故事后来被用来讽刺反复无常、出尔反尔的行为，而不是猴子们的愚蠢。实际上，后者适用的场景可能会更多，因为许多人都会犯类似于猴子们的认知错误——既着急又短视。

人类总是很着急，现代人尤其如此，从商的希望自己一夜暴富；当父母的希望孩子快速成才，总担心他们输在起跑线，恨不得孩子在娘胎里时就开始对其进行早教；写文章的希望自己一夜成名……张爱玲说出了很多人的心声："出名要趁早呀！来得太晚的话，快乐也不那么痛快。"

着急源于短视

在财富领域，人类着急的特征体现得更为突出。一笔钱放进股市后，股民们恨不得下一分钟股价就上涨。年化 10% 的收益都赚得不过瘾，最好每年收益都能翻番。凯恩斯说："人类本能地渴望立竿见影的效果，在快速赚钱上尤其热情。"

股民之着急有时甚于猴子。买入一只股票之后，他们就会频繁打开行情软件，不停地查看股价走势，或者频繁查看账户。在美剧《宋飞正传》里，宋飞买了一只垃圾股，然后忍不住频繁关注股价，从早关注到晚。当他拿过一份报纸时，他的约会对象告诉他："这只股票的价格和你之前查看时一样，市场收盘后没有变化。"他则回应道："我知道，但这是另一份报纸。呃，我想也许它有不同的……消息来源。"《金钱》杂志的一项调查显示，22% 的投资者表示自己每天都会查看自己投资的股票价格，49% 的人每周至少查看一次。[1]

投资和炒股也一样。巴菲特和芒格的财富神话里本来还有第三个人，他叫里克·盖林（Rick Guerin），也是一个天才式的人物。

盖林 1929 年出生于洛杉矶，曾在美国军队担任密码破译员、战斗机飞行员，退伍后进入大学学习，毕业后加入 IBM 工作，据传后来是在芒格的劝说下开始涉足投资领域的。芒格曾公开评价称，盖林是一个非常幽默、聪明的人，他参加过海军的一场智力测试，虽然他提前离场，却拿到了前所未有的高分。

巴菲特同样给予了盖林极高的评价。1984 年，在一场纪念《证券分析》① 出版 50 周年的座谈会上，巴菲特发表了著名演讲《格雷厄姆 - 多德式的超级投资者》，隆重介绍了一批超级投资者，其中就包括盖林。

盖林是第一个发现蓝筹印花公司的投资机会的人。他先是找到芒格商议，芒格想了想说：“我带你去见我的朋友，他对浮存金很了解。”那个朋友就是巴菲特。投资三人组从此形成，他们顺利地控股了蓝筹印花公司，巴菲特是第一大股东，芒格是第二大股东，

①《证券分析》一书被誉为投资者的“圣经”，是价值投资领域的经典之作。该书中文简体字版已由湛庐引进，由中国财政经济出版社于 2025 年出版。——编者注

盖林位居第三。后来他们共同投资的项目包括喜诗糖果、威斯科金融、《水牛城晚报》。其中，最被人津津乐道的公司就是喜诗糖果，巴菲特、芒格和盖林三人一同参与收购谈判，一同面试了喜诗糖果的新任 CEO。

然而，后来盖林却莫名消失了，或者说相比于巴菲特和芒格的光芒而言，他变得黯然失色，不再被人提起。印度裔著名投资人莫尼什・帕伯莱（Mohnish Pabrai）是巴菲特的“铁粉”，有一次他好奇地问巴菲特，盖林发生了什么，巴菲特没有回避话题，而是如实相告。

原来，在 1973—1974 年的经济衰退中，盖林用保证金贷款来撬动投资。在两年的时间里，股市行情下跌了将近 70%，于是他被迫追缴保证金，不得不把自己在伯克希尔－哈撒韦公司的股票以每股不到 40 美元的价格卖给了巴菲特。

如今，伯克希尔－哈撒韦公司股票的价格是每股 60 万美元，比盖林卖出股票时足足翻了 15 000 倍，可惜这个奇迹里不再有盖林的身影。

盖林犯错误的原因并不复杂，巴菲特一语道破：“查理和我一直都知道，我们会变得非常富有，但我们并不着急变富。我们知道这一定会实现。里克和我们一样聪明，但他太着急了。”

摩根·豪泽尔（Morgan Housel）的《金钱心理学》（*The Psychology of Money*）里记录了这个故事。总想着快速致富的想法驱使盖林不恰当地使用了杠杆，将自己置于危险的境地，导致其失去了伯克希尔－哈撒韦公司的股票，最终落得个“竹篮打水一场空”，令人惋惜。

天才如盖林也没有逃脱急于求成的陷阱。

神经科学研究证明，每当我们得到一点奖励，我们的一些神经元就会产生多巴胺，多巴胺会让我们感到愉悦。所以，人们习惯性地乐于获得正面的新信息、他人的赞赏或者物质奖励（哪怕是微不足道的小礼物）。如果我们每次看所买的股票时价格都在上涨，每次打开交易账户时代表财富的数字都往上跳一点，那简直是再令人开心不过了。

着急源于短视，多数人愿意今天得到 10 美元而不是明天得到 11 美元。普林斯顿大学的认知神经学家乔纳森·科恩（Jonathan Cohen）领导的一个实验发现，只有当你选择较早的奖励时，你的大脑反射系统才会发挥作用，并在伏隔核和附近区域引发剧烈的活动，引发多巴胺的产生。

短视是刻在人类基因里的。想象一下，我们的祖先在恶劣的原始环境中随时面临着各种近在咫尺的死亡危险，过了今天不一定有明天，他们的首要任务是活着。在这样的情况下，短视是一种本能的反应，甚至只有短视才能确保生存。或者说因为我们可能随时会死去，所以及时行乐才是当务之急。从这个角度来看，急于求成和短视是一种进化适应。反过来，只有摆脱了生存危机，人类才能够考虑长远问题，也才能够拥有相匹配的长远眼光和战略思维。时至今日，我们早已摆脱了生存危机，但是短视作为基因进化的副产品依然影响着我们，我们依然会担心“明天和意外哪个会先到”。不过，这种担心在科学统计中站不住脚，事实上，每天我们在预测自己有多大可能活到明天时，错误的概率是正确概率的 26 000 倍。[2]

再考虑一下人类平均预期寿命显著延长的情况，及时行乐的短视行为就更站不住脚了。欧洲人的平均预期寿命在公元前仅为 20 岁左右，之后持续缓慢地延长，1850 年左右达到 40 岁，在漫长的近 2 000 年的历史中终于延长了一倍。19 世纪是一个转折点，随着工业的发展，社会生产力的解放，人口的平均预期寿命迅速延长。按 1977 年《联合国人口统计年鉴》所示，自 1850 年之后的 100 多年内，欧洲人的平均预期寿命增加了 30 多岁，已达到 72 岁的水平。中国人怎么样呢？据官方最新数据，2024 年我国居民人均预期寿命已经达到 79 岁，上海人均预期寿命更是达到惊人的 84 岁。

随着人工智能时代的加速到来，我们有理由相信，许多困扰人类的疾病，比如癌症，将被治愈，人体衰老的器官将可以得到有效焕新。乐观的预测认为，未来有一天科技进步延长人类寿命的速度将超过自然衰老速度的临界点，这就是“长寿逃逸速度”。当达到这一速度时，人类的预期寿命将不再受自然衰老的限制，而会随着技术的进步不断延长。举例来说，假设在 1 年内，医学技术的进步能够将人类的预期寿命延长超过 1 年（例如延长 1 年零 2 个月），那么人类实际上就延长了 2 个月的寿命。随着技术的持续进步，这种延长寿命的速度会越来越快，最终达到或超过自然衰老的速度，从而实现长寿逃逸。未来学家雷 · 库兹韦尔[①]认为，这一临界点可能在 2030 年左右实现，未来许多人能够活到 120 岁。

考虑到现代社会翻天覆地的变化，短视和急于求成这种进化适应就会变成进化失配。从这个角度想一想，我们不妨放松下来，让自己慢一点，从容一点。

渴望一夜致富是相当危险的

我们渴望通过频繁观察股票账户来给生活增加愉悦感，但结果往往事与愿违。纳西姆·塔勒布写过一个喜欢做投资的牙医的故事。从这位牙医所投资的品种来看，任何一年他赚钱的概率是 93%，但是如果按秒计算，任何一秒赚到钱的概率只有 50.02%。这位牙医恰好热衷于看股票账户，所以每天结束时，他总是感到筋疲力

① 雷 · 库兹韦尔（Ray Kurzweil）是全球知名的未来学家、计算机科学家，奇点大学创始人。其经典著作《奇点更近》通过扎实的论证阐释了他对未来 20 年人工智能的大胆预测。该书中文简体字版已由湛庐引进，由中国财政经济出版社于 2024 年出版。——编者注

尽。由于每分钟检视投资组合的表现，假设一天观察 8 小时，每天他会有 241 分钟心情愉快，239 分钟不愉快。如果按月看股票账户，他每年只需要心痛 4 次，快乐的次数却有 8 次。如果每年看 1 次账户，那么在余生 20 年的时间里，他将体验到 19 次惊喜，只有 1 次不愉快。可惜，我们很多人都犯了与这位牙医一样的错误。[3]

投资往往需要耐心等待，指望买入的股票第二天就上涨是美好的白日梦，事实上，震荡或者下挫是投资中不可避免要承受的过程。所以每一次对股价或账户的查看都可能让结果离你的期待又远了一步，你希望每一次都获得一点奖励，实际上收获的却是沮丧和痛苦。后文我们将会介绍这一损失厌恶心理机制。一般来说，损失带给人的心理刺激是收获的 2 倍，这意味着每次股价和账户数字的下跌都会给你带来双倍痛击。所以，频繁查看股价和账户是一种积极地寻找痛苦的行为。既然如此，又何必为之呢？

急于求成对成功投资的伤害并不局限于上述的心理层面，它还会带来实质性的副作用。由于想迅速获得收益，它会让你患上“多动症”——在股市里不停地进进出出。

尤其是中国的投资者，“多动症”尤其明显，有数据显示，2015 年 A 股整体年化换手率达到 500% ～ 600%，2016 年以来 A 股整体换手率平均也在 200% ～ 300%，远远高于美国等成熟市场 100% 左右的水平。

有意思的是，研究还表明，男性投资者比女性投资者的交易更加频繁，而单身男性投资者又比已婚投资者更加频繁。或许是男性身上的“动物精神”要明显多于女性。但正如第 1 章所显示的，频繁的择时恰恰是获取收益最大的敌人之一。

因为急于求成，我们还容易将自己的投资风格发挥到极致，比如把全部仓位都押到热门板块或热门股上面，甚至动用杠杆。2015 年上半年牛市中，股民通过配资可以实现 10 倍杠杆，许多人确实实现了一夜暴富，然而 6 月股市暴跌之后短短 18 个交易日，沪指跌幅近 35%，许多股票惨遭“腰斩”，使用配资的投资者中不少人一夜之间爆仓，不仅将前期收益全部还给了股市，连本金也被残酷收割。

里克·盖林便犯了这样的错误。盈亏同源，极致的风格可能送你上青云，然而风向一转，也可能送你入地狱。所以股市中有一条谚语：“一年翻倍者如过江之鲫，三年翻倍者却寥寥无几。”许多所谓的年度冠军，到第二年便销声匿迹。

短视和急于求成还容易将长期问题短期化。神经科学研究表明，最近的经历对人的神经元刺激更大，神经元主要根据最近 5 ～ 8 次的投资结果来评估未来的可能性。在这 5 ～ 8 次里面，最近 3 ～ 4 次的尝试产生的影响最大。这也被称为“近因效应”，即人类倾向于不根据长期经验，而是根据少数最近发生的事件和结果来评估未来发生同类事件的概率。

一项针对数百个个人投资者的调查发现，他们对未来 6 个月股市回报的预期，受到上周股市趋势影响的程度，是受到前几个月股市趋势影响程度的 2 倍以上。[4] 一场灾难，比如洪水和地震之后，买洪水和地震险的人数往往会大幅增加，尽管洪水和地震的真实发生概率并没有改变。人们会因为这些灾难在近期发生过而觉得它们发生的概率增加了。

因为总是着眼于短期，所以当面对一些长期问题时，我们倾向于将长期问题的影响在短期内进行消化。2018 年 A 股大跌，就是典型的长期问题短期化的反映。重阳投资董事长王庆博士曾总结，当年股市大跌的主要原因是中美在贸易方面的竞争，然而中美竞争是长期问题，股市却将其利空在短时间内就全部反映了。[5]

反过来也一样，2007 年，当股市涨到 6 000 点的时候，股票市场人气高涨，很多人都对未来充满信心，认为中国经济将迎来“黄金 10 年”，股市必上 10 000 点。不料，当时其实恰恰是 A 股的历史大顶，10 多年过去了，迄今都未被超越。由此可见，股票市场将未来 10 年的利好在 1 年内就反映完毕了。

所以，如果你被自己的短视所蒙蔽，那你就离亏损不远了。正如芒格所言：“渴望一夜致富是相当危险的。”

破解之道 3：长期思维

时间的妙处在于它的长度

生物界有许多迷人的进化故事。

19 世纪的科学家们在英国曼彻斯特观察到了桦尺蛾的快速进化过程。为抵御主要天敌（鸟类）的捕食，桦尺蛾一般通体呈白色，翅膀上长有黑色的小斑点，当白天在覆有地衣的树干上休息时，身上的伪装色便可以让它们与树干完美融合。桦尺蛾还有一种罕见的黑色突变体，但无法存活太久，因为在浅色树干的衬托下，黑色个体在捕食者眼中就是活靶子。所以，这一物种大部分都是带斑点的白色个体。然而，随着曼彻斯特的工业化，空气污染使树干变成黑色，双方的优势出现了逆转——黑色突变体在鸟类眼中变得更有“隐身”效果，而白色个体反而成了“显眼包”。1848 年，人们在曼彻斯特发现了第一只黑色桦尺蛾。到 1895 年的时候，曼彻斯特 98% 的桦尺蛾都变成了黑色。更有趣的是，由于英国在 20 世纪中叶出台了十分严格的环境保护法，树木纷纷恢复本色，黑色的桦尺蛾也随之变得越来越少，带斑点的白色个体又重新成了大多数！

如果这个故事看起来稍显复杂，我们再讲一个更直观的案例。

1859 年，英国贵族托马斯 · 奥斯汀（Thomas Austin）为了满足自己的打猎爱好，将从英国运至澳大利亚的24只兔子放归野外。他肯定做梦也没想到，他的这个举动会给澳大利亚带来一场生态灾难，因为到了1925年的时候，这24只兔子已经繁殖到100亿只。兔子们食量巨大，它们疯狂啃食着青草和植被，导致原本郁郁葱葱的草地变得光秃秃的。这不仅让澳大利亚的畜牧业遭受重创，许多牛羊因缺乏足够的食物而面临生存危机，还造成了水土流失等一系列生态问题。

为了控制兔子的数量，澳大利亚政府采取了各种措施。他们修建了长达数千公里的防兔栅栏，试图将兔子限制在特定区域，甚至投放了各种病毒来消灭兔子，但效果并不理想。兔子们凭借着顽强的生命力和适应能力，依然在澳大利亚肆虐。

这两个故事说明了，只要给予物种某种微弱的优势（“微进化”，比如个体颜色的变化）足够长的时间，那么它们便可以形成族群的巨大优势，引发“宏进化”，甚至创造出一个新物种。[6]这个背后的原理正在于神秘的复利。据传，爱因斯坦曾说，复利是世界第八大奇迹。

巴菲特财富登顶的秘密

巴菲特还在少年的时候就立志要成为百万富翁，并如愿在30

岁那一年实现了目标。这对于普通人来说是一笔巨大的财富，毕竟当时美国家庭的平均年薪仅为 5 600 美元。但是巴菲特登上世界财富的顶峰还要经历很漫长的等待。统计显示，到 89 岁的时候，巴菲特近 96% 的财富是在 60 岁以后才获得的（见图 3–1）。

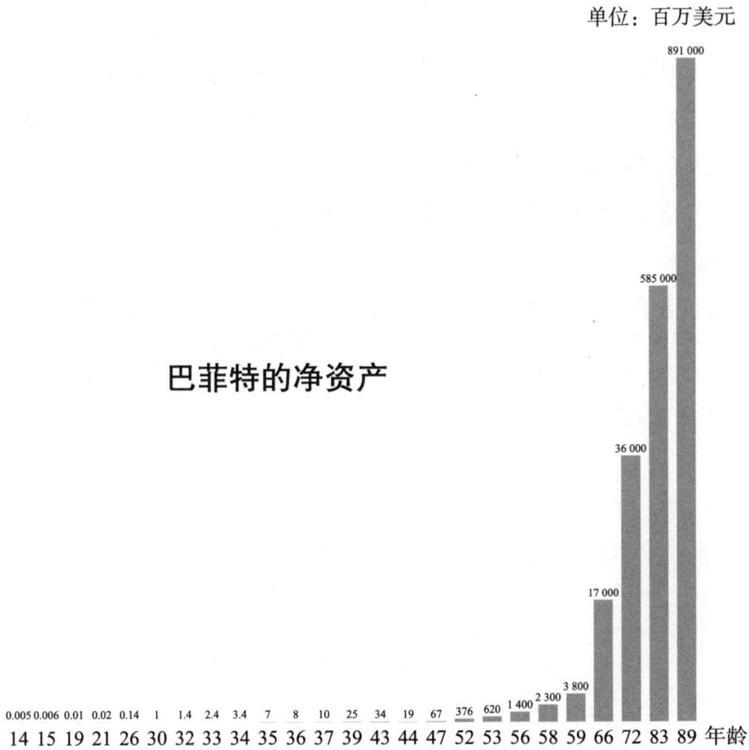

图 3-1　巴菲特的净资产变化（14 ～ 89 岁）

资料来源：格隆汇学堂。

将巴菲特推向财富顶峰的，是职业生涯60余年平均年化收益率近20%的复利魔方。复利就如滚雪球，一开始雪球变大的速度很缓慢，但越到后面速度越快。10万元本金，如果每年投资的回报率是20%，10年后将增长至本金的6.2倍，20年后将增长至38.3倍，30年后累积增长至237.4倍，也就是惊人的2 374万元！

巴菲特的成功与其所处的特殊时代背景，以及伯克希尔–哈撒韦公司特殊的保险浮存金商业模式有关，而这样的成功过于耀眼，所以难以引起共鸣。我们换一个比较“正常”的案例。表3-1是美国某知名对冲基金2000—2019年的投资收益率。

表3-1 美国某知名对冲基金2000—2019年的投资收益率

年份	收益率（%）
2000	(-3.48)
2001	6.13
2002	14.18
2003	21.71
2004	13.78
2005	3.46
2006	3.43
2007	9.63
2008	8.70
2009	1.70
2010	27.40
2011	16.11
2012	0.58
2013	3.48

续表

年份	收益率（%）
2014	2.47
2015	3.33
2016	1.89
2017	0.81
2018	9.99
2019 年前 11 个月	(-0.69)

资料来源：《中国证券报》。

看起来很平庸？的确如此。但是如果根据这个表算一笔账，结论可能会让你大吃一惊。假如 2000 年年初将 1 美元交给这家对冲基金管理，到 2019 年年底净值是 3.84 美元，而同期无论是道琼斯工业指数还是纳斯达克指数都只翻了一番。

这就是复利的力量。可以说，谁掌握了复利的魔方，谁就掌握了致富的秘密。但是，为什么现实生活中，很少有人能够享受到复利带来的甜美果实呢？原因在于复利的实现需要以极度的耐心为前提。

你需要有足够的耐心。巴菲特的财富登顶之路花了 50 多年。他的搭档芒格以每股 16 美元的价格购买了伯克希尔－哈撒韦公司的股票，现在每股股价是 60 万美元，是买入价格的 37 500 倍，但是芒格等待的时间超过了 50 年。

巴菲特虽也有短期持股，但他的一些经典投资都属于长期持股，比如他投资《华盛顿邮报》超过 40 年、可口可乐超过 30 年、富国银行超过 30 年。只有时间足够长，投资者才能够体会到复利的魔力。巴菲特说："时间的妙处在于它的长度。"芒格则说："如果既能理解复利的威力，又能理解获得复利的艰难，就等于抓住了理解许多事情的精髓。"另一位卓越的投资家、《安全边际》（*Margin of Safety*）一书的作者塞斯·卡拉曼（Seth Klarman）也总结得很好："投资者能够拥有的最大边际的优势，就是拥有长线导向思维。"

研究显示，散户的损失每年给机构投资者（散户的对手）带来约 1.5% 的投资收益率。[7] 这正是巴菲特所总结的："金融市场就是财富再分配的系统，它将金钱从没有耐心的人手中转移到富有耐心的人手中。"

然而，对于大多数人来说，漫长的等待更多地意味着煎熬，因为短视、急于求成、渴望一夜暴富更符合人性。

股票与现代化铁律

巴菲特也好，知名对冲基金也罢，它们是不是幸存者偏差所导致的特例呢？这是个好问题。要回答这个问题就需要把单独的树木放回到整片森林里去考察。

数据表明，坚持长期股票投资能够获得良好的回报。美国沃顿商学院的杰里米·J. 西格尔（Jeremy J. Siegel）教授统计了美股210 年的股票收益率。结果显示，一个充分分散的股票投资组合的年平均收益率为 6.6%。这意味着，平均而言，在过去的两个世纪里，一个分散化的股票投资组合的购买力大约每隔 10 年就翻一番。固定收益投资的年平均真实收益率则大为逊色：长期政府债券的年平均真实收益率为 3.6%，而短期债券的年平均收益率则只有 2.7%，黄金的年平均真实收益只有 0.7%。[8]

在 A 股当中，相应情况又如何呢？1990—2024 年，上证综指累计上涨了约 33 倍，年化增长率达 10.8%。再选取 2008 年年中至 2018 年年中的数据来看，这 10 年间上证综指从 2 800 点左右波动到 2 800 点左右，指数上涨幅度几乎为零。但统计显示，如果平均买入 2008 年 6 月 30 日以前上市的所有 1 550 只股票并持有至 2018 年 7 月 30 日，这 1 550 只股票剔除分红之后的持有期收益率依然高达 259.9%。同期之内，衡量 A 股市场所有股票综合回报的万得全 A 指数收益率为 83.07%，A 股市场混合基金指数的收益率为 107%。可见，长期持有 A 股的收益率相当可观，只是很多人被失真的指数蒙蔽，又被盲目的择时行为误导。

被视为芒格传人的著名华裔投资人李录在其《文明、现代化、价值投资与中国》一书中，从大类资产配置的角度对中美两国进行了对比。[9] 书中有两幅图令我印象深刻，一幅是“美国 1801 年至今金融大类资产的回报表现”，另一幅是“1991 年至今中国金融大类资产的回报表现”。“至今”里的“今”是李录先生发表演讲的2015年，而起始点1801年和1991年分别为美国股市和中国股市有数据可追踪的初创时点。

这两幅图展现了惊人一致的趋势，即在金融大类资产中，收益率由高到低分别是股票、黄金和现金。具体来看，中国上证指数和深证指数25年中涨了大概15倍，年化回报率约12%，黄金的年化回报率为近3%，而人民币的年化回报率为负，如果1991年持有1元人民币，25年后将变为0.47元。美国的图则显示，美国200多年中股票的年化收益是6.7%，也就是1901年的1美元股票在200年里升值了100多万倍，价值达到103万美元。而如果持有黄金，200年里升值3倍多；如果持有1美元现金，200年后将只剩下5分钱，也就是贬值了95%。

中美两国的历史、文化、制度均大相径庭，为什么金融大类资产的表现趋势如此相近？这就与现代化的本质有关，对此李录先生给出了很好的答案。他将人类文明的发展阶段分成三个部分：采集狩猎文明或1.0文明，农业畜牧业文明或2.0文明，工业革命为先导的科技文明或3.0文明。农业文明有其天然的不足，因为农作物的生长依赖光合作用，而光合作用能够产生的能量上限受制于土地面积，于是有限的资源和近乎无限的人口增长在一定程度上决定了人口增长最终只能通过非自然灾难来消化和制约。这些灾难包括饥荒、人口流动引起的战争、瘟疫、气候变化等。所以我们看到2.0文明时期国家之间争夺的焦点是土地。

近代以来，驱动人类文明进程的动力发生了质的改变。一方面，蒸汽机和煤炭的结合催生了第一次工业革命，引发了纺织、钢铁、轮船、铁路等各行各业的生产力大爆炸；19 世纪下半叶到 20 世纪初，电力的发明运用以及内燃机和石油的结合再次将生产力的火箭推向了更高更快的一级。

另一方面，亚当·斯密和大卫·李嘉图所发现的“无形的手”及自由贸易则开启了人类经济形态的新组织方式。这一硬一软两股力量的结合产生了“现代化”这个结晶。李录先生总结，现代化就是当现代科技与市场经济相结合时所产生的经济无限累进增长的现象，可谓精辟。

驱动美国过往 200 年经济发展及中国过去 40 多年改革开放进步之旅的正是这样的现代化规律，金融大类资产表现的趋同是现代化路径的一个缩影。

人性总体上乐观多于悲观

人是万物的尺度。用长期的眼光来看，人类社会各个方面的进程虽时有坎坷，也时有倒退，但整体上呈现出螺旋式上升的态势——文明在不断累积，经济在持续增长，股市也整体向上。归根结底，或许是因为人性总体上乐观多于悲观。

美国密歇根州立大学的研究人员进行过一项大规模研究，旨在确定人们一生中不同阶段的乐观程度，以及重大人生事件对人们的乐观程度有多大影响。该大学助理心理学教授、研究论文的第一作者威廉·乔皮克（William Chopik）说："我们发现，在青年时期，人的乐观情绪持续增强，然后达到一个稳定期，随后在老年时期开始下降。但即使那些处境糟糕的人，即经历过人生磨难的人，在放眼人生未来时，也会感到乐观。"

发表在美国《个性研究》双月刊上的这项研究，共调查了7.5万名16岁至101岁的美国人、德国人和荷兰人，衡量他们对未来的乐观情绪和看法。乔皮克说，研究人员研究了诸如结婚、离婚、新工作、退休、健康变化和失去伴侣、父母或孩子等生活事件对人们情绪的影响。结论是不管生活好坏，从15岁到60岁甚至70岁，人们都是越来越乐观的。

乔皮克说："我们常常认为，生活中的不幸或悲剧性事件会让人彻底改变自我，但事实并非如此。那些可怕的事情并不会从根本上改变你，被诊断患有某种疾病或经历了一场危机的人，仍然对未来以及未来的生活抱有信心。"[10]

中国的《易经》中说"生生之谓易"，或许正是这种不息的生命精神推动了人类发展的车轮不断向前。

克服及时享乐，学习延迟享受

毫无疑问，坚持长期主义、做时间的朋友是破解急于求成之症的良药。事实上，如果从长期主义的角度来看问题，股票投资就简单了许多。美国 GMO 资产配置团队的知名基金经理詹姆斯·蒙蒂尔（James Montier）指出，在 1 年的时间跨度内，你所获收益的绝大部分来自估值的变化，这可能只是价格的随机波动。然而，在 5 年的时间跨度内，总收益的 80% 将取决于所支付的价格以及所投资股票的增长。“这些是基本面投资者应该明白的东西，而这些显然只有在长期才重要。”[11]

但是知易行难，人的本性是短视的，所以长期主义要求你逆人性。有一个技巧或许有助于建立长期主义的操作，那就是克服及时享乐，学习延迟享受。巴菲特就是这么做的，他说他的秘诀之一就是延迟决策，“行动并不会换来回报，只有正确的决策才能。因此，需要等待多久，我们就等待多久”。

芒格也是延迟享受的大师。2023 年 2 月 16 日凌晨两点，每年一度的《每日期刊》（*Daily Jouranal*）股东大会如期举行。刚过完 99 岁生日不久的芒格一边吃着小零食，一边与大家交流，足足讲了两个半小时。在这次股东大会上，最让我感到吃惊的是芒格谈延迟满足的部分。

主持人问：“对于像您这个年龄和财富级别的人来说，还会去适应延迟满足吗？对于普通成年人来说，延迟满足是理性的吗？生活中有没有什么情况是不需要延迟满足的？”

芒格回答：“我现在还在这么做。比如我们买的这些公寓，我们正在以自己的方式经营。其他的公寓运营者可能都在追求高收入、高分配，但我们会更加明智努力地找到让它们变得更好的方法。我们的公寓所获得的收益比其他竞争对手的更多，这都是延迟满足的表现。我很早就学会了延迟满足，因为愿意多等一段时间的小孩子可以吃到更多的棉花糖，而愿意多花时间吃到更多棉花糖的小孩子在日后取得成功的概率更大。我很幸运自己能掌握这一技巧，我必须说，延迟满足给我带来了很大的益处。”

芒格提到的棉花糖的故事来自心理学中著名的“棉花糖实验”。[①] 研究人员把一群 4 岁左右的孩子带到一间陈设简陋的房子，然后给他们每人一颗非常好吃的棉花糖，同时告诉他们：如果马上吃棉花糖，只能吃一颗；如果等 20 分钟后再吃，将获得额外奖励的一颗棉花糖。一些孩子急不可待，马上把棉花糖吃掉了；而另一些孩子则耐住性子，有的闭上眼睛或头枕双臂做睡觉状，有的用自言自语或唱歌来转移注意力消磨时间，以克制自己的欲望，从而最

---

① 该实验结论一经报道便获得广泛关注，然而这场心理学实验却遭到了极大的误读。实验设计者、自控力之父沃尔特·米歇尔（Walter Mischel）在《棉花糖实验》一书中对实验的来龙去脉溯本清源，在破除误解的同时，还给出了从对孩子的养育、雇用新职员，到避免糟糕的交易和个人决定的建议。该书中文简体字版已由湛庐引进，由北京联合出版公司于 2016 年出版。——编者注

后获得了更多奖励。

此后，心理学家继续跟踪研究参加这个实验的孩子，一直到他们高中毕业。跟踪研究的结果显示：那些能等待并最后吃到两颗棉花糖的孩子，在青少年时期仍能等待机遇而不急于求成，他们具有一种为了更大更远的目标而暂时牺牲眼前利益的能力，即自控能力。而那些急不可待只吃一颗棉花糖的孩子，在青少年时期则表现得比较固执、虚荣或优柔寡断，当欲望产生的时候，无法控制自己，一定要马上满足，否则就无法静下心来继续做后面的事情。也就是说，那些善于延迟享受的孩子的成功率远远高于那些不能等待的孩子。

被劝说延迟满足的对象，往往是年轻人，因为年轻人最急于求成，然而 99 岁高龄的芒格依然在坚持延迟满足，似乎生命于他是没有尽头的，这让我感到震撼。只有坚持长期思维和相信未来会更好的人才能做到这一点。

04

以"安全边际"破解"禀赋效应"

认知陷阱 VS. 破解之道

禀赋效应

一个人想要什么，
就会相信什么

安全边际

做投资如烹小鲜

认知陷阱 4：禀赋效应
一个人想要什么，就会相信什么

我们每个人应该都有过这样的经历：在两个吸引力差不多的选项之间摇摆不定，最后终于选择了其中一个，从那一刻开始你立即觉得自己的决定非常英明，而且随着时间的推移，你会越来越觉得自己做得对，而另外一个选项则变得越来越缺乏吸引力。

比如你和女朋友买房筹备结婚，小区 A 和小区 B 各方面条件差不多，你们对比了很久，迟迟下不了决心。随着婚期临近，你们必须做决定了。最终你们选择在小区 A 共筑爱巢，在签订合同前的一刻你们还在为放弃小区 B 而感到遗憾，但是从签下合同的那一刻开始，你们会立马觉得选择小区 A 是个更明智的决定，而小区 B 在你们心里马上变得逊色了。然后随着装修、入住，你们会觉得小区 A 越来越好，位置、绿化、户型、采光都比小区 B 要好，甚至连升值空间也比小区 B 更大。

这就是心理学家所说的“禀赋效应”，它是指一旦某个人拥有某个物品，那么他对该物品价值的评价要比没有拥有的时候大幅提高。

连以理性著称的大经济学家也不能避免这样的心理误区。比如芝加哥大学商学院院长理查德·罗塞特（Richard Rosett）就是如此。罗塞特非常喜欢红酒，他时常会在拍卖会上买葡萄酒，但无论质量如何，一般出价不会超过 35 美元一瓶。但是对于他自己收藏的葡萄酒，即使对方出价高达 100 美元一瓶，他也不会卖。[1]

投资中这种现象也十分常见。本来你并不了解一只股票，但是经过朋友或者专家推荐，你买了这只股票，从那一刻开始你便对这只股票情有独钟。

巴菲特讽刺过这种现象：“股票并不知道谁是它的主人。你却对它寄予了太多的七情六欲。你清清楚楚地记得是以什么价位买进它的，你还清楚地记得谁透露了一些小道消息——感情五味杂陈。”然而，盲目的偏爱可能正是亏损的诱因。它会导致我们对自己持有的股票过分看好，在出售的时候要价过高。

认知失调

禀赋效应本质上是一种认知失调。牛市中你买入的一只股票，一开始涨势喜人，你喜出望外，由衷钦佩自己的判断力。可惜好景不长，股指开始掉头向下，你所偏爱的这只股票的价格也开始下跌。在牛市气氛里，一般刚开始回调时多数人仍然信心满满，觉得这不过是暂时的回调，股价肯定会涨回来并再创新高。然而，事与愿违，某天，股价终于跌破了你的成本线。

这时候怎么办？你会割肉止损吗？大概率不会，因为人类心理的一大特点是具有强大的调适能力。这种调适能力有时候是指我们会调整自己的认知以适应新的事实，但有时候恰恰相反，我们会扭曲事实以适应我们的固有想法。

比如你和女朋友本来为去日本还是韩国度假纠结很久，最终决定去日本。可是到了日本之后，遭遇连日阴雨，出行受到很大影响，韩国却是艳阳高照。你会为自己的选择后悔吗？不会。相反，你会安慰自己和女朋友，“阴雨中的日本别有一种风情”，而韩国“阳光太强烈了，紫外线太强，容易晒黑”。

这是不是令你想起酸葡萄的故事？狐狸想吃一串熟透了的葡萄，费尽心力却吃不到，倔强的狐狸没有承认自己的失败，而是改变了葡萄的性质，它说“葡萄是酸的”。

心理学上把这种“吃不到葡萄说葡萄酸”的现象称为认知失调，而这也是股市投资中常见的认知误区。我们所钟爱的股票跌了，为了掩饰判断失误，我们往往将原因归咎于市场不好、庄家洗盘等其他问题，而不去正视这只股票本身基本面可能受损的真正原因。

一个人想要什么，就会相信什么

“酸葡萄心理”还有一个“近亲”，那就是芒格所说的“避免不一致性倾向”，或者也可以叫“一贯性原则”。它是指人类在心理上总是力求与之前的承诺或观点保持一致，即使这种行为有悖于自身的最高利益。[2]

买入一只股票，就代表了你对这只股票的乐观判断，如果因为下跌而选择止损，就代表着你要否定自己，这显然违反了一贯性原则。

一贯性原则何来？在芒格看来，人之所以会这样，是因为人类的大脑运算空间十分有限。为了能够在虎口下迅速逃生，我们生活在原始社会恶劣生存条件下的祖先必须迅速做出反应，久而久之形成了节省大脑运算空间的习惯，变得不愿意做出改变。这种大脑的最小作用力原则导致我们能不思考就不思考，能不改变就不改变。“大脑的抗改变倾向还使得人们倾向于保留如下几种东西的原样：

以前的结论、忠诚度、身份、社会认可的角色等。”

一贯性原则十分强大，为了保持一贯性，人们会不断寻找能够证明自己行为正确性的证据和理论，忽略或歪曲那些与之相反的证据。正如古希腊著名哲学家德摩斯梯尼所说：“一个人想要什么，就会相信什么。”

所以，禀赋效应和一贯性原则是一种进化适应，说得不客气一点，“死不认错”是人类的本性。这有神经科学的证明，美国神经科学家德鲁·威斯顿（Drew Westen）通过磁共振技术扫描人类在处理信息时的大脑发现，当人面对令自己认知失调的信息时，大脑主管理性的区域就会突然“断电”，停止工作。

“人类的头脑和卵子的运作方式非常相似，当一个精子进入卵子时，卵子就自动启动一种封闭机制，阻止其他精子的进入。”芒格说。

著名经济学家凯恩斯也曾说过：“最难的不在于接受新思想，而在于如何摆脱旧思想的束缚。”

正因为如此，所以即使你看到了很多不利于大盘走向或持有股票的负面信息，你也选择视而不见，甚至还为此百般辩解。而一旦陷入这样的认知误区，当心！你可能要被套牢了。

破解之道 4：安全边际

做投资如烹小鲜

禀赋效应本质上可以说是一种执念，人们往往认为自己拥有的便是最好的。如何破除“我执”，是一个重要的哲学命题。

王阳明心学近年来越来越受到欢迎，他毕生心得所总结出来的四句教，即“无善无恶心之体，有善有恶意之动，知善知恶是良知，为善去恶是格物”，几乎成了流行的“心灵鸡汤”。

阳明心学的重要性在于颠覆了当时处于主流地位的朱子学说，指出天理不是通过格物能够求得的，天理就在人心。每个人心中都有一个良知，人生的目的就是“致良知”，就是通过“事上磨炼”，通过“致吾心良知之天理于事事物物，则事事物物皆得其理矣”，由此达致“此心光明”的境界。对于治国者而言，通过“致良知”这一“不二法门”，就可以“安天下之民”“成天下之治”。

但是良知是很容易被遮蔽的，所以人生在世很容易失去初心，这其中非常关键的一个拦路虎就是傲慢。王阳明说：“千罪百恶，皆从傲上来。”“人生大病只是一‘傲’字。为子而傲必不孝，为臣而傲必不忠，为父而傲必不慈，为友而傲必不信……谦者众善之基，傲者众恶之魁。”

克服傲慢、保持谦虚是致良知的关键，但是怎么做到这一点呢？王阳明的药方是“无我自能谦”——无私忘我的人才能始终保持谦虚。

王阳明能悟到这一点是深刻的生活教育的结果。天纵奇才、从小被称为“神童”的王阳明年轻的时候恃才傲物，傲视同侪，在遭到权臣打击之后，他被贬谪贵州 3 年，居无定所，食不果腹，还时常有生命安全的威胁，用他自己的话说是“百难备尝”。之后他才痛定思痛，开始相信孟子所说的“生于忧患”的道理，也才知道傲慢的可怕。

被誉为日本“经营之圣”的稻盛和夫先生也有类似的经历和体会。稻盛和夫提到自己年轻的时候也有傲气，喝了酒之后也会说大话。但是他非常善于自己反省，还发明了一种仪式，一旦犯了傲慢的毛病就回家对着镜子训斥自己。自我谴责的背后是稻盛和夫治疗傲病的心法——“才能不可私有化”。在他看来，人并不是凭借自己的意志来到世上的，个人的才能不过是由上苍偶然赋予的。一个人可能才能出众，聪明能干，事业成功，但是带来成功的才能本身，实际上由上苍所赐，不属于自己。将本来就不属于自己的东西据为己有，就违背了上苍的意志。

在稻盛和夫看来，人是平等的存在。每一个人都是偶然被赋予了某种才能和容姿来到人间，在当今这个舞台上扮演他一生的角色。有人当主角，有人当配角，有人当反面角色，有人负责小道具、大道具等舞台装置，有人负责戏场内的打扫整理。所有的人都不过是本质相同的、只能称为“存在”的化身而已。这部戏剧，也就是说这个社会，是由所有扮演这些角色的人一起来演绎的。而自己只不过是在这之中扮演了某个角色而已，完全没有非自己不可的必然性。因此，“我的才能只是上苍一时寄托在我身上的东西”。自己根本就没有以此为傲的资本。把自己的才能当作自己的私有物品，那是完全搞错了。[3]

以王阳明和稻盛和夫的“无我”来破除这种“我执”，无疑十分对症。

“自我”的幻觉

王阳明和稻盛和夫的论点得到了科学与佛学的印证。根据最新科学实验的结果，所谓“自我”可能是自然选择制造出来的最大幻觉。

进化心理学研究者曾做过一个实验。实验把受试者分为两组，让他们分别看电影。第一组看恐怖片，第二组看浪漫爱情片。看完电影之后，研究者又给受试者们看两个艺术博物馆的广告。第一个博物馆的广告宣传点是这个艺术博物馆深受欢迎，每年有几百万人来参观，强调的是它符合多数人的喜好。第二个博物馆的广告宣传点则是这个博物馆一般人欣赏不了，你来就能彰显你与众不同的品位。

刚才看过的电影对受试者选择哪个博物馆会有什么影响呢？结果显示，一开始看恐怖片的人更容易受到第一条广告的影响，他们更愿意去一个人多的博物馆。而看浪漫爱情片的人更容易受到第二条广告的影响，他们想去一个人少的博物馆。

这是因为恐怖片和浪漫爱情片开启了你大脑中不同的模块。恐怖片开启的模块叫“自我保护”，人多的地方显然会更加安全。浪漫爱情片开启的则是“求偶”模块，它会让你更倾向于找一个私密的地方。

这就是进化心理学的重要发现——人的大脑是由诸多的模块组成的，除了“自我保护”“求偶”模块，还有“保住配偶”“群体认同”“关爱亲属”“社会地位”“避免疾病”等模块。这些模块并不是谁决定谁的关系，而是互相竞争的关系，每个模块都向你输出一种感情，哪一种感情力量大，哪个模块就胜出。所以，所谓的“自由意志”或“自我”是不存在的。[4]

这与佛学的相关理论高度相通。佛陀认为构成“自我”的五种东西，也就是“五蕴”（色受想行识），都是虚幻的。佛经中曾记载佛陀和一个叫“火吠舍”的人辩论。火吠舍说：“我觉得你说的‘五蕴皆空’不对，我认为五蕴都是我的一部分。”佛陀就问他：“假如有一个国王，有人在这个国王的领土里干了坏事，那么国王有没有权力惩罚他？国王有没有权力放逐他？”火吠舍说：“国王有权力这么做。”佛陀追问：“那你有权力随意改变自己的身体吗？”火吠舍哑口无言。佛陀认为，既然我们无法控制我们的身体（色）、感情（受）、感知（想）、行为（行）和意识（识），那么又何来“自我”呢？

既然连“自我”都可能是虚幻的，那么我们对物品的禀赋效应便更是无源之水、无本之木了。

做投资首先要想的不是赚钱

“无我”是一种很难企及的精神高度，属于圣人之境。不过这种哲学探索对投资亦有启发，起码可以让我们减少一点狂妄。

投资这个行业有句谚语：有胆大的投资者，有老到的投资者，但没有既老到又胆大的投资者。老到的投资者自不必多说，胆大的投资者可谓比比皆是。2015 年上半年的 A 股被称为典型的杠杆牛市，2014 年 7 月，A 股场内融资余额只有 4 000 亿元左右，到了 2015 年的 3 ～ 6 月，融资余额快速飙升，创出了 2.27 万亿元的峰值。而在场外，当时配资盛行，1∶2、1∶5 的配资比例比比皆是，甚至 1∶10 的都有，1∶10 的配资意味着你自己只有 1 万元本金，但通过配资你轻松拥有了 10 万元本金。杠杆交易的本质是借钱投资，出借方需要确保自己的资金安全，本金相当于保证金，亏损先由保证金承担，也就是先从保证金（本金）中扣除，直到本金耗尽，才会触发“强平”。10 倍杠杆意味着当你用配资而来的 10 万元满仓买入一只股票，一旦亏损达到 10%，意味着亏损 1 万元，你的本金将全部亏损，这就是“爆仓”。

2015 年 6 月 15 日，股市见顶，股灾发生。那一年我们见证了太多的“财富过山车”故事。有人从初始的 600 万元赚到 3 500 万元，然后卖掉全部房子和工厂，加上杠杆，最高赚到 2.7 亿元，但最后爆仓，不得不开滴滴谋生。有人投入所有积蓄 170 万元本金加 4 倍融资，全仓一只股票，几个跌停后爆仓，170 万元本金付之东流，最终选择跳楼自尽，丢了性命。

关于杠杆，芒格早就有犀利的点评：“聪明人和高杠杆的组合往往会以惨败收场。”聪明如长期资本都在杠杆之下覆灭，何况是广大普通投资者。巴菲特说投资最重要的有三件事：“第一是尽量避免风险，保住本金；第二还是尽量避免风险，保住本金；第三是坚决牢记前两条。”投资最重要的是不亏钱，一旦亏损了本金，就意味着你再也回不来了。

巴菲特又说：“我首先会关注任何投资失败的可能性。我的意思是，如果你肯定不会亏钱，你将来就会赚钱，这正是我们一直做得不错的一个原因。”所以，与多数人的想法不一致，做投资首先要思考的不是挣多少钱，而是确保不亏钱。可惜多数人搞反了，满脑子想着的都是挣快钱，最好一夜暴富。但是历史经验证明，这么做往往适得其反。

与其杀死毒龙，不如避开毒龙

对于如何保护本金的安全，价值投资有一些特定的方法或者说纪律，其中非常关键的一个就是“安全边际”。这一理论是巴菲特的老师本杰明·格雷厄姆（Benjamin Graham）① 提出来的。他在经典著作《聪明的投资者》中指出，如果普通股的售价低于公司以财产和盈利能力为稳固基础而发行的债券的价值，那么在这种情况下购买的普通股就能很好地兼顾安全边际和营利性这两个方面。比如 National Presto 工业公司的股票，1932 年，该公司股票的总市值为 4 300 万美元，公司税前利润达到了 1 600 万美元，能够轻易地支持股票的价值，尽管这种情况并不常见。[5]

格雷厄姆说得比较学术，巴菲特曾经用修桥的例子很通俗地

---

① 华尔街的传奇人物，被称为“现代证券之父”，著有《华尔街教父格雷厄姆传》，这本回忆录是格雷厄姆在晚年撰写的。该书记录了从他出生到第二次世界大战前近 50 年多姿多彩、甜酸苦辣的生活，特别是客观环境如何使他形成坚强自立的性格、他的成才道路以及对恋爱、婚姻和家庭的看法。该书中文简体字版已由湛庐引进，由四川人民出版社于 2021 年出版。——编者注

解释过安全边际理论:“我建一座能承重 3 万磅[①] 的桥，却只让通 1 万磅的车；这样就算我大意，漏放了一辆 1.2 万磅或者 1.3 万磅的卡车过去，也不至于桥毁人亡。”结合股票来说，假设一只股票的价值是 10 元，而你是用 10 元买的，那么安全边际为 0，如果用 8 元买进，就有了 2 元的安全边际。如果是用 12 元买的，安全边际不仅没有，而且是负的，那就很可能亏钱。

当然，格雷厄姆提出安全边际理论是在大萧条时期，许多企业的股价大幅超跌，而在巴菲特成长成熟的年代，满地便宜股票的情形已经不复存在，所以安全边际理论也要与时俱进。在评估企业价值的时候更多地要预测未来企业的盈利能力，而不是过去的利润记录。在芒格的帮助下，巴菲特从“以便宜的价格买一般的企业”进化到了“以合理的价格买优秀的企业”，从而成为一代投资传奇。但是不管怎么进化，安全边际的理念一直深入巴菲特和芒格的骨髓。巴菲特极为推崇安全边际理论，1990 年，巴菲特在致股东的信中写道:“今年距离第一次读到这篇文章已经 42 年了，但我依然深深相信这 4 个字。”

巴菲特的职业生涯从始至终都在谨防风险。巴菲特将风险的控制渗透到他选择公司的 4 个条件中：第一是买懂的、能理解的公司，这是为了规避认知的风险；第二是公司有诚实可靠的管理层，这是为了规避人的风险；第三是有竞争优势的公司，这是为了规避

---

① 1 磅 ≈0.454 千克。——编者注

市场竞争的风险；第四是买价格具有安全边际的公司，这是为了规避误判的风险。

“谨小慎微”这个词在日常生活中是一个贬义词，一个人若被形容为谨小慎微，意味着他胆子不够大、没魄力。然而看看成功投资者的经验，在投资领域，谨小慎微却是一个优点，因为投资不在于短期跑得多快，而在于长期能够守得住、不出局，“剩者”为王。

芒格引用过一句古训：“河水淹死会水人。”在河水里被淹死的多数是会游泳的人，不会游泳的人会自动远离河流，反而可以无恙。所罗门兄弟公司前首席经济学家亨利·考夫曼（Henry Kaufman）也有一句很经典的话：“亏钱最多的人有两类，一类人什么都不知道，另一类人什么都知道。”这两种人实际上是一种人，什么都知道的人也可能什么都懂了点皮毛，结果还是什么都不知道。

很多时候，正如巴菲特所说：“风险恰恰源于你不知道你在做什么。”在投资的时候，很多人可能连自己买的股票背后的公司业务是什么都不清楚，不亏钱才怪。傻大胆既是因为贪婪，也是因为无知，所谓“无知者无畏”。而对付贪婪或无知的最好武器就是给自己留有余地。“与其杀死毒龙，不如避开毒龙。”

老子《道德经》说“治大国，若烹小鲜”，这句话不是说治大国很容易，恰恰相反，由于小鱼小虾非常容易炒烂，不能大火翻炒，要小心翼翼地翻炒，所以治大国非常难。做投资也是一样，如果达不到圣人那样的境界，就要时刻小心，给自己留下足够的“安全边际”。

重阳实践：宁愿少赚，不可大亏

重阳投资创始人、首席投资官裘国根在内部经常讲一句话，“不做不可逆的事情”。这背后是对风险的极度重视。

所以，在重阳投资，无论是研究员研究公司、推荐股票，还是投资经理在选择投资标的的时候，都已经形成一个习惯：不追逐太热的东西，因为太热的东西往往对应过高的价格，缺乏安全边际。

某种程度上这其实也意味着，短期来看，重阳投资不会是跑在最前面的机构。但由于投资的确定性，胜率自然就高，长期坚持下来，绝对收益就高。

追求“绝对收益”正是重阳投资的核心理念之一。什么是绝对收益？通俗地说，绝对收益就是“宁愿少赚，不可大亏”，不管市场涨跌，都要力争实现可观的正收益。用巴菲特的话说便是“不要亏钱，不要亏钱，不要亏钱”。

为什么不亏钱这么重要？因为股票市场阴晴不定，变幻莫测，机会常有，但本金不常有。亏钱永远比赚钱容易，亏 30%，要赚 43% 才能回本，亏 50%，必须赚 100% 才能回本，大亏是重伤，甚至意味着出局。

重阳投资董事长王庆博士曾指出，中国股市有三大痛点。第一个痛点是，从发展曲线来看，A 股市场整体呈现出“牛短熊长”的特征。第二个痛点是，从投资者的角度看，多数股民亏钱，少数股民赚钱。中国股市中流传着“七亏二平一赚”的说法，这与相关统计基本吻合，反映出中国股民多数亏钱、极少数赚钱的局面。第三个痛点是，基金赚钱，基民不赚钱。以 2019 年和 2020 年为例，公募基金大热，不少股民转变为基民，但是结果却令人意外。2020 年，来自国内某著名股份制银行的数据，某只首发基金，年度收益率 60%，首发时有 18 000 个客户参与，最后收益超过 30% 的客户仅有 8 个。另一份来自支付宝的数据显示，国内某只“顶流”基金在 2021 年年初市场调整之后，超 80% 的持有人亏损，亏 5% 以上的持有人占了 65%，挣钱的基民不到 20%，挣 5% 以上的持有人不到 10%。基金赚钱，基民不赚钱的特征十分明显。

之所以会出现“多数股民亏钱，少数股民赚钱”和“基金赚钱，基民不赚钱”的现象，绕不开的一个背景是，中国股市是一个典型以散户为主的市场。虽然总体上近年来个人投资者占比呈现下降趋势，机构投资者占比从 2015 年以来趋势性提升，A 股投资者“机构化”正在稳步进行中。截至 2024 年，在 A 股自由流通市值中，个人投资者占比从 10 年前的 70% 多下降到 35% ～ 40%，但是他们却贡献了 60% ～ 70% 的交易量。相比而言，欧美成熟市场的投资人结构中，个人投资者比例在 2010 年为 25% ～ 30%，2024 年年末上升到 38%，为近 10 年来的最高水平，但是最富有的 10% 的家庭持有其中的 90%，而整体散户交易量占比为 19.5%，明显低于中国。

一个以个人投资者为主的市场，其突出的特点一方面是流动性好，市场活跃，另一方面则是大涨大跌。人性中一个典型的弱点是羊群效应，个人投资者会在上涨时盲目乐观，在下跌时过度恐惧，体现在交易行为上便是“追涨杀跌”，体现在交易结果上便是“多数股民亏钱，少数股民赚钱”或“基金赚钱，基民不赚钱”。

怎么解决这样的痛点？办法有二。第一个办法是加强投资者的教育，尽量鼓励散户坚持长期投资。但是必须承认，人性是很难改变的，教育需要时间，在投资者成熟之前，就要用第二个办法，那就是投资管理机构要通过自身的专业手段，尽量避免基金产品的大幅波动和回撤。没错，控制波动和回撤可以说是基金管理的重中之重，它可以帮助投资者避免由于过度恐慌而逃离市场。而这正是重阳投资的鲜明特点之一。2015 年股市异常波动，重阳投资首个主动对冲策略产品净值逆市上涨超过 30%。2018 年 A 股市场“熊冠全球”，沪深 300 指数下跌 31.6%，重阳投资的产品整体回撤仅 8% 左右。2022 年新冠疫情二次暴发、俄乌冲突、美联储暴力加息 3 大“黑天鹅”事件冲击市场，沪深 300 全年下跌 22%，重阳投资的产品整体回撤同样控制在个位数。正是熊市中的抗跌为随后的反弹奠定了基础。

所以，“宁愿少赚，不可大亏”的绝对收益理念是合乎投资安全原则的重要投资精义之一。

05

以“变亦不变”破解“锚定效应”

认知陷阱 VS. 破解之道

锚定效应	变亦不变
投资中的“刻舟求剑”	投资中，真理比面子重要

认知陷阱 5：锚定效应

投资中的“刻舟求剑”

还记得“刻舟求剑”的故事吗？楚国有个渡江的人，他的剑从船中掉到水里。他立刻在船舷上刻了记号，说：“这是我的剑掉下去的地方。”船到目的地后停了下来，这个楚国人从他刻了记号的地方跳到水里找剑。船已经向前行驶了，但是剑没有移动，像他这样找剑，不是很糊涂吗？

我们都觉得这个楚国人很傻，对不对？不要轻易嘲笑他，因为我们也时常犯这样的错误，只是不自知而已。

在股票投资中这类错误就十分常见。比如你以 10 元的价格买入某只股票，然后经历一段时间的涨涨跌跌，该股票的基本面已经在很大程度上变坏了，股价跌到 5 元，但是你很可能一直拿着股票不愿意止损，原因正在于 10 元是你的心理价位。由于你把 10 元这个价格刻在了心里，因此你可能被套牢多年，如果公司经营情况继续变差，你甚至可能血本无归，因为股票是有可能退市的。

在理解一些大的历史事件时，我们也容易犯这种错误。2020 年年初，突如其来的新冠疫情对股市造成了巨大冲击，美股连续 4 次熔断，历史罕见，在这样的股灾面前，连巴菲特都显得太年轻。一时间，许多专家学者将新冠疫情带来的冲击比作 1929 年的大萧条。

这样的情形反复出现。2008 年次贷危机中，美国专栏作家罗伯特·塞缪尔森（Robert Samuelson）在《华盛顿邮报》发表评论："是 1929 年再现吗？"《经济学人》等多家西方媒体也将次贷危机与"大萧条"进行对比，美国《时代周刊》干脆将次贷危机称为"大萧条 2.0 版"。

1987 年 10 月 19 日，"黑色星期一"，道琼斯工业指数急挫 508 点，创下美股历史上单日最大跌幅 22.6%，市值蒸发了近万亿美元。"这是 1929 年的重演吗？"媒体用醒目的标题问道。

其实每一次危机都与前一次不同，可是每一次都撩动了我们心中的 1929 年刻度，它就像一个魅影一样挥之不去。

打折商品的诱惑

在生活中，我们也会犯同样的错误。在商场购物时，我们很难拒绝大幅打折的场景诱惑。一件外套，标价 6 000 元，打 6 折，也就是 3 600 元，加上销售员的三寸巧舌，告诉你机会难得，你就很容易为之心动并买下它。但是如果没有打折活动，这件衣服仅以 3 000 元标价出售，你很可能不会购买，尽管这个价格比第一种场景下要便宜 600 元。

这是为什么呢？1974 年，卡尼曼和他的合作伙伴阿莫斯·特沃斯基做了如下实验。他们要求受试者对非洲国家在联合国所占席位的百分比进行估计。因为分母为 100，所以实际上是要求受试者对分子数值进行估计。

首先，受试者被要求旋转摆放在其前面的罗盘，随机地选择一个在 0 到 100 之间的数字；其次，受试者被暗示他所选择的数字比实际值是大还是小；最后，要求受试者对随机选择的数字进行向下或向上的调整来估计分子值。通过这个实验，卡尼曼和特沃斯基发现，当不同的小组随机确定的数字不同时，这些随机确定的数字对后面的估计有显著的影响。例如，两个分别随机选定 10 和 65 作为开始点的小组，他们对分子值的平均估计分别为 25 和 45。由此可见，虽然受试者对随机确定的数字有所调整，但他们还是将分子值的估计锚定在选定数字的范围内。[1]

卡尼曼和特沃斯基通过这个实验发现了一种叫作“锚定效应”的心理机制，它是指人们在进行判断时常常过分看重那些显著的、难忘的证据。我们时常被第一个听到的数字、第一次见到的场景所锚定，之后在进行选择时总是难以摆脱以它们为参照，哪怕这个“锚”只是随机假定的。动物行为学家康拉德·洛伦茨在一次实验中无意被刚出壳的幼鹅们第一眼看到，它们从此就一直紧跟着他，直到长大。他被幼鹅们当作妈妈了！幼鹅效应也是锚定效应的一种。[2]

谁动了你的参照点

多数人都生活在相对的世界里，即都需要一个参照点以确立自己的价值或为自己的行动提供指南。“刻舟求剑”的故事中，愚弄那个楚国人的参照点就是那个记号。

那么参照点是怎么确定的呢？卡尼曼和特沃斯基通过研究发现，参照点与几个因素有关：第一个也是最重要的一个是历史水平，比如成本价或者历史最高价、历史最低价；第二个是期望值，也就是你的预期价位，比如你买进一只股票希望它涨到 20 元，20 元便是期望值。参照点也可能与身边人的决策有关，比如你的朋友以 20 元的价格买入某只股票，你便以此为参照。这也被称为“决策的同群效应”。

追涨的时候，我们内心的参照点很可能是历史极值，“突破历史最高价我就卖”是内心的潜台词；抄底的时候，我们内心的参照点是历史最低价，“跌破最低价我就买”是内心的潜台词；售赢持亏的时候，我们内心的参考价则是成本价，此时的内心潜台词变成“回到成本价我就卖”。

有趣的是，参照点是可以控制的，即可以通过改变参照点的方法来“操纵”人们的决策。这在商品促销中很常见，前文卖衣服的案例中，标价 3 000 元的外套卖不出去，如果商家将售价调整为 6 000 元，然后打 6 折出售，实际价格上涨了 600 元，衣服却可能很快售出。商家在这里利用的正是锚定效应，顾客内心的参照点被悄然移动了。

我们也可以运用这一效应来办好事。

有一次，我所在的一个社会团体发起了一个针对少数民族地区贫困学生的募捐活动，需要募集1万元。这个团体的成员有300人，相当于需要人均捐款 300 多元。考虑到并非所有人都会参与捐款，所以人均捐款的额度应当要提高才能实现目标。运用锚定效应的这个心理机制，我建议可以由某位成员率先发起，在群里先表示捐款 600 元。果不其然，当有人率先表态捐 600 元之后，其他成员也纷纷表示认捐 600 元。这样一来，1 万元的捐款目标轻松完成。

恐慌中，我们不善于区分灾难的不同

锚定效应同样有进化论的依据。在原始社会环境中，人类面临大量不确定性和时间压力，比如判断食物是否有毒、野兽是否危险等。锚定信息，如“上次看到有人吃了这种果子没事”“老虎的叫声意味着危险”，能够帮助人们快速做出决策，避免过度思考带来的生存风险，同时也可以减少能量消耗。所以锚定效应同样是一种进化适应。但到了现代社会，它也逐步暴露出进化失配的问题。比如在食物匮乏的情况下，“高糖高脂的食物意味着高能量，应该多摄入”是一种锚定信息，到了现代却成了营养过剩的危险信息。

另外，心理学家还指出，锚定效应会使我们更多地关注新发生事件与锚定事件之间的相同之处，而忽视其不同之处。换句话说，在面对复杂事物，尤其是被恐慌情绪笼罩的时候，我们更善于发现事物之间的相同之处，而不善于区分不同之处。运用到股票投资中，我们可以看到，每次股灾之后市场上都充满了各种类比过去股灾的观点，以及各种看起来惊人相似的股市下跌图形。

这恰恰是投资中需要格外注意的。德雷曼投资公司董事长大卫·德雷曼（David Dreman）在其经典著作《逆向投资策略》中以 1987 年和 1929 年的情形为例做了精彩分析。

在 1987 年历史性股灾后，“1929 年重演”的悲观气氛当道，德雷曼却敏锐地指出了两者的不同：1987 年 10 月 19 日的股灾之后，经济的增长速度比股灾之前绝大部分的估计值要高，大幅甩掉了股灾之后所预计的衰退水平，与之相伴随的是真实收益比 10 月 19 日股灾之后数星期内所预测的要高。标准普尔 500 指数的市盈率只有收益的 13 倍，相对于股灾之前 20 倍的市盈率低很多，也低于 15 倍的长期平均市盈率。那时的情形与 1929 年大股灾之后的情形完全不同，1929 年时上市公司以及整个金融系统都崩溃了，失业率飙升。

后来股市的演绎证明了德雷曼的判断是对的：1997 年 7 月，股市相对于最低点上涨了 4 倍。1987 年没有重复 1929 年的情形，而那些屈服于锚定效应的投资者错过了一个极好的买入机会。同样，2008 年的金融危机和 2020 年新冠疫情的冲击也没有演变成 1929 年的大萧条。所以做投资时，要少一些“刻舟求剑”。

破解之道 5：变亦不变
投资中，真理比面子重要

95 岁的巴菲特再一次“封神”。北京时间 2025 年 2 月 22 日 9 点，伯克希尔－哈撒韦公司官网公布了 2024 年度报告，以及一封巴菲特每年亲自撰写的致股东的信。该年度报告披露，到 2024 年年底，巴菲特手中的现金再次创纪录地达到 3 342 亿美元，高于第三季度末的 3 252 亿美元。

除了经营性现金流的贡献，现金主要来自 2024 年伯克希尔－哈撒韦公司将流通股持仓从年初的 3 540 亿美元降至年末的 2 720 亿美元，减持的标的包括巴菲特的“心头好”——苹果公司。2024 年全年，伯克希尔－哈撒韦公司累计减持苹果公司近 67%，从 9.05 亿股降至 3 亿股。

当大家正在疑惑巴菲特为什么套现这么多现金在手时，2025 年年初以来，美股开始了持续调整。2025 年 4 月 2 日，特朗普发起关税战，美股进一步大跌，科技股首当其冲，苹果公司也未能扛住压力，2025 年年初以来的调整幅度超过 30%。

市场再次为巴菲特的“神预判”而折服。世人通常刻板地把巴菲特的投资策略等同于买入并长期持有，其实这是对巴菲特的严重误读。虽然巴菲特的一些经典持仓的确持有时间可长达数十年，比如喜诗糖果、可口可乐、《华盛顿邮报》、富国银行等，但这只是其中的一部分，巴菲特的适时而动、灵活机变同样精彩绝伦。

经过这次仓位减持，巴菲特的股票仓位大致保持在 50%。巴菲特同时掌握着一半的现金和现金等价物，等待机会成熟时抄底市场。可以预见，巴菲特的财富神话还将续写浓墨重彩的一笔。

可见在投资实践中，巴菲特和芒格的策略并非一成不变，而是相当灵活。巴菲特早年在航空股上栽过跟头，痛定思痛之后认为航空股是典型的“价值毁灭者”，并发誓再也不碰航空股。但在2016年，伯克希尔–哈撒韦公司却开始收购多家航空公司的股票，有人怀疑这是巴菲特的助手所为。然而在一次采访中巴菲特明确表示，伯克希尔–哈撒韦公司持有的4家航空公司中，有3家都是他亲自买入的，且持有比例在这4家航空公司中均占到10%左右。

新冠疫情暴发后，伯克希尔–哈撒韦公司以每股46美元“抄底”了97.65万股达美航空。然而在一个月之后就清仓了，这笔“抄底”亏损了48%。巴菲特的这波操作真是快进快出，看起来与他的长期价值投资理念十分不符。

在对待科技股方面，巴菲特的态度也并非一成不变。大家都知道，即使是在科技股最受欢迎的20世纪90年代，巴菲特也始终拒绝触碰科技股，并为此承受了很大的压力。但是伯克希尔–哈撒韦公司在2011年买入了IBM，后来又买入苹果公司、亚马逊等科技股，而且持股数量越来越大。尤其是苹果公司，更是成为巴菲特晚年投资的代表作，苹果公司的持仓一度占到其股票仓位的44%，获利超过千亿美元，创造了在单一股票上盈利的最高纪录。

巴菲特投资三阶段与产业趋势变迁

观察巴菲特数十年核心重仓股的变化更能体会到，他拥有根据产业趋势变迁而变化的调整能力和持续迭代进化的学习能力。巴菲特在投资理念上经历过一次重大的转变，也就是从最早格雷厄姆式的“捡烟蒂”投资方式（以极低的价格购买平庸公司），到后期受芒格影响而调整为“以合理价格购买优秀公司”。如果结合产业趋势和商业模式的变化来分析，巴菲特的投资实际上可以划分为更细的 3 个阶段。

第一阶段，工业时代下的“捡烟蒂”投资阶段。“捡烟蒂”投资法由“价值投资之父”格雷厄姆提出，核心是以极低价格（如价格低于净资产的 2/3）买入被市场忽视的公司。因为买入价格极低，所以这种方法的安全边际很高。即使这类公司的状况恶化，也能通过清算资产保障本金安全，如同捡拾被丢弃但仍可吸一口的烟蒂。

第二阶段，从有形资产转向无形资产。巴菲特投资方式的重大转变开始于对喜诗糖果的投资，这桩买卖是由芒格推动的。1972 年，伯克希尔－哈撒韦公司旗下的蓝筹印花公司与喜诗糖果创始人家族谈判整体收购。对方要价为 4 000 万美元，其中包括资产负债表上的 1 000 万美元现金。喜诗糖果账面上的有形资产只有 800 万美元，年度税前利润为 400 万美元。芒格认为这笔交易很合算，但巴菲特却不太肯定。他指出，这个要价是有形资产的 3 倍，如果换作他的老师格雷厄姆，肯定不会同意的。于是巴菲特还价到 2 500

万美元，但他仍然认为自己可能出价过高了。

事后看，当年巴菲特并没有为喜诗糖果支付过多的钱。事实上，喜诗糖果是有史以来给伯克希尔－哈撒韦公司带来回报最高的公司之一。1972—1999 年，喜诗糖果产生的内部回报率（IRR）达到了惊人的 32%。2014 年，伯克希尔－哈撒韦公司的年报显示，喜诗糖果给它带来了 19 亿美元的税前利润，而仅仅增加了 4 000 万美元的额外投资。

从喜诗糖果的投资开始，用他自己的自嘲来形容，巴菲特完成了“从猩猩到人”的伟大一跃。此后，他将可口可乐、《华盛顿邮报》等优质公司纷纷收入囊中，构建了一个优质企业的珍藏馆。

第三阶段，从新经济模式下的网络效应中获取价值。这一阶段的代表作是他对苹果公司的投资。苹果公司无疑具有强大的品牌效应，这符合第二阶段的特征，同时苹果公司也是一只新经济类型的股票，它的所有产品和服务都使用了 iOS 操作系统。一旦产品成为苹果生态系统的一部分，网络效应就会形成，正向反馈、路径依赖和锚定效应等将创造一个强大的全球特许经营权，因为苹果公司的客户的转换成本实在是太高了。

在 2019 年伯克希尔－哈撒韦公司的年会上，芒格指出，巴菲特愿意投资苹果公司对伯克希尔－哈撒韦公司来说是一个好兆头。芒格打趣道：“要么是你发疯了，要么就是你在学习，我更喜欢‘你在学习’这种解释。”

所以，巴菲特 60 多年漫长职业生涯表面波澜不惊的背后，实际上暗藏着“轻舟已过万重山”的惊人迭代进化。很多人批评他错过了新经济，实际上他并没有缺席任何一次重大的产业趋势变迁，甚至比任何人都抓住了更多。

巴菲特真的变了吗

看起来巴菲特非常“善变”，这就带来一个重大的疑问，驱动巴菲特做出改变的是什么呢？最重要的是客观条件的变化。比如都是航空股，但不同阶段航空股的特性相差很大。早年，巴菲特比较排斥航空股。首先，因为航空公司产品的同质化。航空公司提供的服务相同且价格透明，这意味着这个行业的公司都没有加价的能力，只能靠低价吸引顾客，导致恶性竞争。其次，乘客没有品牌意识。多数乘客在准备乘飞机出行时优先考虑的是时间、价格，而不是特定的航空公司，这也加剧了价格战。最后，航空公司的固定成本非常高。飞机及维护成本、燃料、机组人员的成本都很高，而且即使飞机趴着不飞，也不能省去维护费用。

既然如此，后来巴菲特为什么又重新青睐起航空公司了呢？其背后的原因在于经过长期的充分竞争，美国航空业形成 4 大航空公司垄断竞争的新格局，从而改变了过去巴菲特所担心的航空业恶性竞争和品牌意识不强的局面。

那么，疫情发生之后巴菲特为什么又要抛售航空股呢？因为巴菲特认识到了疫情对航空公司的影响将持续较长时间且非常严重。巴菲特说：“事实证明，我对这项业务的看法是错误的，这不是 4 位优秀 CEO 的错。航空业是一个非常具有挑战性的行业，做这些公司的 CEO，并不是一份开心、容易的工作，尤其在目前这种大家都被告知不要再飞行、不要再旅行的情况下。”

所以，变不是没有原则的变，变是有前提的。正如凯恩斯所说：“当事实改变时，我也会随之改变想法。你又会怎么做呢，先生？”“事实改变”是“想法改变”的前提。

巴菲特三阶段投资思想的背后是更底层的产业趋势和商业模式变迁。“捡烟蒂”投资法产生于 20 世纪 20—40 年代，当时正值大萧条期间。当时的美国经济以重资产为主：早期工业时代的公司（如铁路、制造业）拥有大量有形资产，公司的投资主要是在财产、厂房和设备上。美国大多数公司的估值主要由其账面价值来定义。1929 年美股崩盘后，大量公司的股价远低于其账面价值，甚至低于净流动资产，市场极度悲观。格雷厄姆本人因杠杆投资在 1929 年亏损近 70%，这段经历也促使他变得更为保守。这样的背景为“捡烟蒂”投资法提供了适用的土壤。

巴菲特第二阶段的投资理念对应的是 20 世纪 80 年代美国商业模式的重大改变。从这时开始，无形资产包括专利、版权、商标和品牌等在衡量公司价值的过程中越来越重要。自 80 年代以来，美国公司投资于有形资产的资金逐渐减少，投资于无形资产的资金相应增加。到 90 年代中期，无形资产投资的增长率更是超过了有形资产的增长率。而由于会计准则的局限性，虽然对无形资产的投资确实能增加公司的内在价值，但格雷厄姆的方法并没有包括这些。换句话说，如果将品牌、专利这些无形资产计入内在价值，在格雷厄姆式估值下看起来不便宜的好公司（比如喜诗糖果、可口可乐），其投资价值将大为突显。

巴菲特第三阶段的投资理念的背后则藏着旧经济学与新经济学的深刻分野。经济学家布莱恩·阿瑟[①]指出，旧经济学更多的是基于物理学，其特征是“平衡”“理性”；新经济学则更类似于生物学，认为人是情绪化且不理性的，经济是复杂系统而不是简单系统，是处于不断变化之中的，而不是静态的。如果说收益递减是旧实体经济的典型特征，那么加速回报则是新经济的典型特征。用阿瑟的话来通俗地解释加速回报，就是“领先的会进一步领先，而那些失去优势的会进一步落后”。

① 布莱恩·阿瑟（Brian Arthur），研究经济正反馈机制的先驱，也是复杂性科学的奠基人。其著作《技术的本质》构建了关于技术的理论体系，阐明了技术的本质及其进化机制，是技术思想领域的开创之作。该书中文简体字版已由湛庐引进，由浙江科学技术出版社于 2023 年出版。——编者注

加速回报在网络效应常见的特定技术领域中尤为显著。网络效应是指随着越来越多的人使用某个产品或服务，其价值会有所增加的现象。一旦某个网络占据 50% 的市场份额，就有可能创造出一个坚不可摧的实体。创造数亿美元利润的公司往往能有数十亿美元的市值，而推动这些所需的资本仅仅是工业革命时代所需资本的一部分而已。[3] 苹果公司就是典型的具有网络效应的公司。

巴菲特可谓投资界与时俱进的典范。

变亦不变

被视为芒格传人的投资人李录先生曾形容芒格：“查理的头脑是原创性的，从来不受任何条条框框的束缚，也没有任何教条。”芒格十分重视达尔文的学说，在他看来，能够生存下来的物种不是最强的，也不是最聪明的，而是最能适应变化的。

“对拿锤子的人来说，看什么都像钉子。”在芒格看来，思维固化就是“钉子思维”，这是投资的另一大忌。正因如此，投资者才需要不断进化，甚至不惜否定自己，“及时快速放弃自己原有的理念是最宝贵的品质之一”。

策略因时因势而变，但这不意味着放弃原则。对于价值投资的几条原则，比如买股票就是买企业的一部分所有权、安全边际和能力圈等，巴菲特和芒格从来都没有改变过。

在 2020 年新冠疫情后的股东大会上，首次亮相的伯克希尔–哈撒韦公司的副董事长格雷格·阿贝尔（Greg Abel）也表示，不管巴菲特或芒格在不在，公司投资文化不会有任何的变化。

有时我们需要看到不变中之变。我们固然需要从历史中获取教训，但简单的类比也可能会误导行动。世上并无两片完全相同的叶子，同样，世上也不会有两次完全相同的危机。比如，1929 年的时候并不存在现代意义上的央行，但是现在各国央行在危机干预中均扮演了重要的角色，这样一来，就可以在很大程度上破解“1929 年魅影”了。

有时我们则需看到变中之不变。从短期来看，危机可以使人类的行为发生重大的改变，但是一切变化背后也有不变的东西，比如人性。只要人类没有丧失挑战危机的勇气，依然抱持着对于美好未来的向往，那么，我们就有理由相信，经历过坎坷，世界依然会向前。

重阳投资创始人、首席投资官裘国根曾言：“在投资中，真理比面子重要。”[4] 老子《道德经》有言：“万物并作，吾以观复。”意思是说，万物由道产生出来，不断变化，但这都是自然之道的表象，我们将会看到，它们都会复归根本。变亦不变，正是破解锚定效应的最佳武器。

06

以“未来思维”破解“损失厌恶”

认知陷阱 VS. 破解之道

损失厌恶	未来思维
煮熟的鸭子飞走了	投资这一行： 机可失，时再来

认知陷阱 6：损失厌恶

煮熟的鸭子飞走了

通过前面章节，我们知道了过度乐观、盲目从众驱使我们在股市投资中追涨杀跌，但是人的认知机制十分复杂且奇怪，时常显示出自相矛盾之处。比如我们一方面会“追涨杀跌”，另一方面又会“售赢持亏”，也就是把赚钱的股票卖掉，把亏钱的股票留着。这两种行为反映了投资者完全相反的心态，“追涨杀跌”的时候我们认为涨的还会再涨，跌的还会再跌；“售赢持亏”的时候我们认为涨多了可能要回调，亏多了可能即将要反弹。

这种现象也是有理论依据的。行为经济学家赫什·舍夫林（Hersh Shefrin）和他的合作者迈尔·斯塔特曼（Meir Statman）于1985年最早发现了这个现象，并将其命名为“处置效应”，即投资者不愿意以低于购买成本的价格出售资产的现象。比如，以 10 元每股买进某只股票之后，不巧遇到股市调整，股价跌到了 8 元，这时候许多人不愿意止损，在持亏一段时间之后，股价回到了 10 元，这时候投资者往往会选择卖出，并庆幸自己“解套”。基金购买中也有类似的现象，投资者在基金亏损时倾向于持有，在基金回到买入价格时倾向于卖出。

股市是贩卖痛苦的销售员

相比于“追涨杀跌”，“售赢持亏”背后的心理机制更为复杂。行为金融学用“前景理论”来解释这一现象，即人们在收益和损失区域的风险偏好不同：盈利时厌恶风险，希望落袋为安；亏损时偏好风险，希望放手一搏。赌徒就是这样破产的，当亏损的时候，为了翻本，他们不惜加大赌注，于是越陷越深。

这背后的原因在于，快乐与痛苦带给人的心理感受是不对称的。回想一下，与恋人相处时，时间是不是显得格外短暂？即使你们已经共度了一整天，你仍然会觉得那就像一分钟一样倏忽过去了。相反，分离的时间总是显得格外漫长，刚分开不久，你就开始变得像热锅上的蚂蚁一样，焦躁难熬，难怪古人会说“一日不见，如三秋兮”。

心理学界有一个专门的理论来解释这种心理感受的不对称，也就是“损失厌恶”。

卡尼曼在《思考，快与慢》一书中给出过这样一个例子：

> 用抛硬币来打赌。
>
> 如果是背面，你会输掉100美元。
>
> 如果是正面，你会赢得150美元。

这个赌局看起来挺吸引人，因为赌局的预期值明显对你有利。然而，大多数人仍不愿意参与这样的游戏，原因便是卡尼曼所总结的，对于大多数人来说，失去100美元的恐惧比得到150美元的愉悦更强烈。

现在将这个赌局调整一下，把硬币是正面的赚钱数值从150美元改为200美元，结果又如何？

统计显示，这次很多人表示愿意参加这样的赌局。也就是说多数人的损失厌恶系数是2。[1]通俗地解释一下，就是亏损对人的心理刺激强度是同等规模盈利的2倍，或者说，失去所带给人的痛苦强度是得到所带给人的愉悦强度的2倍。这就是损失厌恶。

谷歌股价为何超跌

2006 年 1 月 31 日，谷歌公布了 2005 年第四季度的财务业绩：营业收入增长 97%，净利润增长 82%。按理说这是一个很好的数据，不料华尔街却不买账，数据一出，谷歌股价几分钟之内就下跌了 16%，不得不停牌，交易恢复后，股价继续下跌。之所以会这样，是因为谷歌的财务数据没有达到华尔街的预期。而股市的诡异之处在于，虽然真实数据与预期数据之间仅相差 6 000 万美元，但谷歌市值却跌去了 203 亿美元。这是损失厌恶在股市中的另一个经典案例。

从进化的角度，我们不难理解损失厌恶。在人类漫长的进化史上，食物、水源等生存资源极其有限，一次重大损失，如失去猎物、遭遇天敌，可能导致个体或群体灭亡。相比之下，额外收益（如多捕获一头猎物）虽能改善生存状况，但影响远不如损失致命。所以，损失厌恶也是一种进化适应，它让我们格外注意不要犯致命的错误。

人类的大脑中有一块叫作“前扣带回皮质”的区域，它负责集中注意力、感知疼痛和发现错误。它也被神经学家称为“哎呀中心”，当正常期望被打破时，它就会让你产生惊讶的感觉。

研究人员曾用微型电极测量受试者的前扣带回皮质神经元的活动。结果表明，在钱突然减少时，38% 的神经元被激活，但在现金奖励超过预期时，只有 13% 的神经元被激活，而且这些被刺激到的神经元发出的信号比较微弱。[2]

在大脑内侧的边缘，其他几个大脑皮质叶下面，有一个叫作“脑岛”的区域。这是大脑内部主要的反应中枢之一，用来评估那些引起负面情绪的事件，比如失去金钱。实验发现，人们在亏钱之后，脑岛的活跃度是赢钱时的 3 倍。与此同时，每当人们选择一个可能导致亏损的赌注时，脑岛的活跃度是他们赚钱时的 4 倍多。[3]

这是损失厌恶的神经学证明，也解释了为什么谷歌的股价会超跌。华尔街有过统计，那些盈利高于华尔街预期的股票平均上涨了 1%，而那些盈利低于华尔街预期的股票平均下跌了 3.4%。

聪明的推销员非常善于利用损失厌恶的心理达到自己的销售目的。比如保险销售员，如果他告诉你买某款保险就可以规避 10 种重大疾病带来的损失，还可以获得 1 000 元的返券活动，你未必会动心。但是如果他告诉你目前患这 10 种重大疾病的概率非常高，同时一旦患病就需要高达几十万元甚至几百万元的治疗费用，然后给你列举几个不幸案例，你就会越想越害怕，很可能会乖乖买单。

正因为损失带给我们的痛苦实在太大了，所以我们不愿意主动止损，宁可被动套牢。

人生最痛苦的莫过于煮熟的鸭子飞走了

我在读芒格的《人类误判心理学》时看到过一段话，不禁哑然失笑。老爷子不愧是毒舌，他说："如果有个人即将得到某样他非常渴望的东西，而这样东西却在最后一刻飞走了，那么他的反应就会像这件东西他已经拥有了很久却突然被夺走一样。"

芒格用一个名词来涵括人类对这两种损失经验（损失已有的好处和损失即将拥有的好处）的自然反应，那就是"被剥夺超级反应倾向"。曾经拥有的东西一旦被剥夺了，这种反应可不是"一般"的，而是"超级"的，用词十分形象。

回想一下，是不是生活中很多的场景都如同芒格所说的那样？对于一个儿童，如果你送给他一个玩具，然后又从他手中夺走，他一定会哇哇大哭。

与恋人相聚的时光总是很短暂，而分离的时光却如此漫长。但与失恋比起来，短暂的分离又算不得什么了。一旦失恋，那么日子将变得昏暗无光，甚至生不如死。情感戏的编剧一定深谙心理之道，每当男女主角即将在一起的时候就开始设置各种障碍，把他们强行拆散或者让他们产生误解，这种"虐恋"最能让观众扼腕长叹。而且往往是差一点儿就成功的爱情悲剧更让人难以释怀，而一旦有情人终成眷属，故事就没法写下去了，只好让他们退出江湖、归隐山林。

这也是一些赌博性游戏的设计原理。芒格说：“赛马、宾果之所以如此风靡，原因之一恐怕就是它们具有很多偶然和侥幸因素。”这类游戏擅长制造“差点儿成功”的体验，让人欲罢不能。

赌场长盛不衰的秘诀也在于此。它总是让你先赢一点，激发你的贪婪。然后再从你手中把你刚赢得的钱又夺回去，使你一步步掉进陷阱。前期投入越大，“被剥夺超级反应倾向”就会越强烈。这就是某些赌徒倾家荡产的原因所在，因为输得越多，不服输的心理就越严重，就越急于扳平。

如果说人生最愉快的体验是破镜重圆、失而复得，那么最令人感伤的莫过于失之交臂，而最让人痛苦便是得而复失了。耶鲁大学的研究人员训练 5 只卷尾猴用金属代币交换苹果、葡萄或果冻等美食。卷尾猴可以用一个代币从卖家一和卖家二那里购买苹果。卖家一肯定会给卷尾猴一个苹果，同时给第二个苹果的概率是 50%。卖家二先给卷尾猴两个苹果，同时导致猴子失去其中一个苹果的概率是 50%。经过几十次交易后，卷尾猴终于明白两者的结果是一样的。即使如此，卷尾猴在 71% 的情况下仍然更愿意和卖家一进行交易。连猴子都懂得规避失之交臂的痛苦！[4]

另有一项很有意思的统计显示，在竞技体育中，铜牌得主的平均幸福感高于银牌得主。原因是银牌得主会为自己只差一点点就可以获得金牌感到遗憾，而铜牌得主则庆幸自己好歹获得了一枚奖牌。

股票投资中常见这样的现象，账户由浮盈转为浮亏，差一点得到收益却失之交臂的局面让人不甘心、懊恼，乃至痛苦，它激发出你不轻易认输的决心。但如果忽视基本面等客观因素而蛮干，结局恐怕只会是越套越深。

投资中的鸵鸟策略

在股票套牢的心理过程中，“无为综合征”是最后一个环节。

我们时常嘲笑鸵鸟，说它们在遭遇危险的时候只会把脑袋埋到沙子下面，掩耳盗铃，顾头不顾腚。实际上，在人类生活中，“鸵鸟策略”无处不在。比如第二次世界大战之前，英国、法国对德国的“绥靖政策”便是深植于人性之中的鸵鸟策略所致。

投资中我们明明知道股市已经进入熊市，或者股票基本面已经破坏，却迟迟不愿意割肉止损，这也属于鸵鸟策略。前面相关章节我们已经讨论过，人的大脑结构决定了我们的运算能力是有限的，当面对巨大的困难或复杂的情感选择时，我们往往会采取消极拖延、不作为的方式来应对。

所以，人总体上是倾向于一成不变的，而非创新求变。皮克斯经典动画片《疯狂原始人》中保守的老爸总是告诉孩子们任何新事物都是不好的，甚至连好奇也是不好的。

心理学的研究还表明，人们对由行动导致的结果，会比因不行动而产生的结果有更为强烈的情绪反应。比如，把一个人推下山崖与看见一个人要跳崖而没有施救，虽然结果相同，但是后者的心理压力显然小于前者。在后一种情况下，你可以找到各种理由来安慰自己，前一种情况却是谋杀。

同时，人类还总是愿意寻求自豪，而避免懊悔。卡尼曼说：“当你卖掉一个失败的投资品时，你不仅承受了经济损失，而且还承认了自己的失误，这会给你带来心理上的损失。当你抛售时，你是在惩罚自己。”谁也不愿意惩罚自己，于是在前述“售赢持亏”的情况下，主动止损造成的亏损会比不采取行动造成的亏损更让人懊悔，所以我们往往会采取无为的鸵鸟策略，寄希望于股价有一天会自动涨回来，套牢就这么发生了。

这显然是不明智的，菲利普·费舍（Philip Fisher）早就说过：“投资人死抱很不想要的股票，寄希望于有一天能够‘至少打平’，因此损失的金钱可能多于其他任何单一的理由。”[5]

损失厌恶、被剥夺超级反应倾向、无为综合征可以说是股票投资的“套牢心理三部曲”。

破解之道 6：未来思维

投资这一行：机可失，时再来

美国著名的投资机构美盛集团曾有一位非常有名的基金经理，名叫比尔·米勒（Bill Miller）。他管理的基金从 1991 年起，连续 15 年战胜了标准普尔 500 指数。这是一个相当厉害的投资业绩，他因此被誉为投资天才和有史以来最优秀的基金经理之一。他不但获得了《金钱》杂志、晨星、《巴伦周刊》的众多奖项，还成为知名财经记者珍妮特·洛（Janet Lowe）的畅销书《战胜标准普尔》的主人公。

然而，2006—2011 年，米勒管理的基金表现开始远远逊色于标准普尔 500 指数。尤其是 2008 年，该基金价值下降了 55% 以上，而标准普尔 500 指数下降幅度为 38.49%。此后，米勒一蹶不振，其管理的资产从 2006 年最高点的 208 亿美元下降到 2011 年年底的 28 亿美元。2011 年年底，米勒辞去基金经理一职。

复盘米勒的投资历程，2007 年爆发的次贷危机可以说是米勒的“滑铁卢”，当时大批银行、金融机构在其中遭受重创，很短时间内它们就跌去了 50% 的股价。

米勒认为这正是买入的最佳时机，因为从他的既往经验来看，这些股票从未下跌到这么低的位置，从过去经验来看此时肯定是极其适合、百年不遇的买入时机。

所以，当这些股票跌到 50% 的时候，米勒大举买入花旗银行等金融股。随着金融股价格的不断走软，他继续追加投资。谁知，这些股票在中间停了一下略有反弹之后，继续掉头向下。最后，花旗银行的股价从 50 多美元跌到了 1 美元，也就是跌了 98%。米勒输得一塌糊涂。

米勒的失败一方面是因为过度自信。他有一个强大的理念，认为“价格下跌时，唯一让我们停止更多购买的方法，是再也无法获得股票的报价”。

另一方面，米勒也犯下了线性思维的错误。他显然明显低估了金融危机的深度。世上没有两片一模一样的树叶，历史也不会简单重复。历史的经验教训固然需要吸取，但是历史有时候也是一种沉没成本，僵化地固守历史的经验或教训也同样是一种认知陷阱。

美国为何会掉进越南战争的泥潭

越南战争被公认为是美国历史上最重大的军事与外交失误之一，主导越南战争升级的美国国防部前部长罗伯特·麦克纳马拉将这场战争描述为“可怕的错误”。2012 年，美国总统奥巴马在反思越南战争时说越南战争是“美国历史上最沉痛的篇章之一”。

整个越南战争期间，美国向越南投下了约 800 万吨炸药，远超过第二次世界大战各个战场投弹量的总和，造成越南 160 多万人死亡和整个中南半岛 1 000 多万难民流离失所。美国自己也损失惨重：1973 年美军在越南作战人数约 54 万人，战争延续了 12 年，是美国历史上时间最长的国外战争。战争造成美军 5.6 万余人丧生，30 多万人受伤，耗资 4 000 多亿美元。越南战争期间，美国经济出现大幅度滑坡，美元霸主的地位遭到沉重打击，美国出现了巨额财政赤字。

越南战争期间，美国国内反战运动此起彼伏。战争的缓慢拖沓，人员伤亡的逐渐增加，以及国内不断扩大的意见分歧，最终导致林登·约翰逊不得不放弃连任总统的竞选，结束了民主党长期主导白宫的局面。

对于美国来说，越南战争无疑是一个泥潭、一场噩梦。美国为什么迟迟结束不了这场噩梦？后来的历史学家们认为，美国扩大越南战争的决策绝非一种过度自信的无端行为，而是为了挽回巨大的损失，在非常不利的赌局中进行的孤注一掷。

这是一种典型的被沉没成本所牢牢纠缠的政治案例。随着战争越拖越久，美国的决策者陷入了一种进退两难的境地：已经投入了这么多，现在撤退太有损颜面，或许再打一场胜仗就能赢得最终胜利了。结果却使美国越陷越深。

沉没成本

在经济学中，那些已经发生的不可收回的支出，被称为沉没成本。但是沉没成本绝不仅仅体现在经济成本方面，其实在我们的生活、情感、时间等方面，都存在如何面对沉没成本的问题。

三五好友外出旅游，吃饭时一时兴起买了瓶好酒，打开一喝发现口感不对，十有八九喝到了假酒。钱已经花掉了，又不想跟店家纠缠，这瓶酒喝还是不喝？

与家人一起买了电影票，看了半小时，发现影片非常无趣。但是，票钱已经支付，这电影还要不要往下看？

青年男女谈恋爱，时常吵架闹别扭，但已经相处了两三年，这恋爱还要不要继续谈下去？

…………

许多人因受困于沉没成本而选择延续已经开始的生活：酒已经买了不喝浪费，票已经买了不看可惜，付出了那么多感情和时间再分手太不值得……实际上，理性的态度应当是往前看，因为如果选择继续，你将进一步投入时间和感情成本，何况如果真是假酒，喝坏了身体就更得不偿失了。现下不少人遵循一种“断舍离”的生活方式，不购买不需要的东西，舍弃多余的东西，其实这是一种非常恰当的生活态度。

投资也需要“断舍离”，在必要的时候舍弃你曾经投入的时间、面子、感情，甚至本金。

时间很好理解。关于面子，重阳投资创始人、首席投资官裘国根先生做过非常精彩的点评。他说：“要避免两种倾向，一是为了尊严固执己见，二是因为耳朵皮软而轻易放弃真知灼见。”[6]

投资中的感情指的又是什么呢？前文曾引述过巴菲特的一段俏皮话，以下是完整版：“股票并不知道谁是它的主人。你却对它寄予了太多的七情六欲。你清清楚楚地记得是以什么价位买进它的，你还清楚地记得谁透露了一些小道消息——感情五味杂陈。但股票本身是麻木的，它不为所动。如果这只股票的价格达到 50 美元，那些以 100 美元买进的人会感到异常恐怖；而用 10 美元买进的人却欣喜异常，就是这些感情。”巴菲特笔锋一转，“但无论什么样的感情都无济于事。”

说到投资中的成本，更是多少人恋恋不舍的挚爱。许多人以成本为投资操作的基准，成本以上高歌猛进，成本以下一动不动。但是投资的“断舍离”恰恰要求投资者忘记成本，如果你买的股票已经失去了相应的价值，那么成本又有什么意义呢？真正的价值投资应当以价值为锚，而不是以曾经投入的成本、时间、面子和感情为锚，价值若在则当守，价值不在则当舍。唯有这样，才可以跳出导致我们被深度套牢的损失厌恶、被剥夺超级反应倾向、无为综合征的认知陷阱。

投资需豁达

如果说适时放弃沉没成本是理性认知，那么豁达则是其背后的心性支撑。谁不曾经历亏损和失去？区别在于谁能够率先走出它们带给我们的悲伤。正如巴顿将军所说：“一个人的成功标志，不是他登到顶峰的高度，而是他跌到低谷的反弹力。”

芒格就是一个深具豁达精神的人，从他的经历可以知道他的一生并非风平浪静，而是经历过好几次重大的挫折。第一次是在他29岁的时候，先是与妻子离婚，紧接着9岁的儿子泰迪身患白血病不幸离世。朋友回忆，那时的芒格每次去医院探望完垂死的儿子后，都会一个人走在街头失声痛哭。

1978年，54岁的芒格因为白内障手术并发症导致左眼完全失明。后来芒格不得不接受了切除手术，摘除了左眼，并装上了一个玻璃眼球。

2010 年，芒格 86 岁，与他相濡以沫 50 多年的妻子南茜不幸病逝。几个月之后，一次意外事故又导致芒格仅存的右眼丧失了 90% 的视力，几乎双目失明。

在这种艰难的情形下，芒格并没有放弃学习和阅读，他主动尝试过几种阅读机器，甚至一度考虑过学习盲文。幸运的是，他的右眼又奇迹般地恢复了 70% 的视力！或许是因为上天眷顾热爱学习的人。

芒格有一句话让我印象极为深刻。他说："永远不要自怜，即使面临你的孩子明天即将死去。"这既是一种理性精神，也蕴含着看淡生死的生命豁达。

每次读芒格，我都会不由得联想到苏东坡。这位伟大的词人一生遭逢多次不幸，被朝廷越贬越远，直到海角天涯，但是他总能从泥淖里重新站立起来，绝不"摆烂躺平"，永远热爱生活，而且能够用生花妙笔书写出灿烂夺目的诗篇华章。支撑他屹立不倒的是他对生命的豁达精神，正如他在《定风波》中所写：

> 莫听穿林打叶声，何妨吟啸且徐行。竹杖芒鞋轻胜马，谁怕？一蓑烟雨任平生。料峭春风吹酒醒，微冷，山头斜照却相迎。回首向来萧瑟处，归去，也无风雨也无晴。

做投资当然不是写诗作赋，但是芒格和苏东坡的豁达精神却是十分有益的精神养分。

历史向后，投资向前。价值投资的舍与得之道应当遵循未来思维：错者已矣，来者可追。错误的就让它过去吧，未来的还有很多可以探索。我们总说“机不可失，时不再来”，但投资这一行却如裘国根先生所说：“机可失，时再来。”[7]

哲学家伯特兰·罗素曾说：“信仰的决心并不可贵，恰恰相反，探究真理的决心才是。”一旦我们能够真正做到以自我“断舍离”的勇气探究真理，那么人生将摆脱认知局限的枷锁，从而大放异彩。

07

以“逆向思维”破解“极化思维”

认知陷阱 VS. 破解之道

极化思维	逆向思维
我们的恐惧常常 大于危险本身	反过来想， 总是反过来想

认知陷阱 7：极化思维

我们的恐惧常常大于危险本身

记得上高中的时候，有一次我骑单车带母亲去城里办事。在一个下坡处，自行车加速，忘了什么原因，母亲突然从后座跳了下去，瞬间整个人失去平衡，重重摔在了水泥马路上，导致下颚摔破出血，去医院缝了好几针。母亲几天后就恢复了，说起来这个事故算不上特别严重，它却在我的心里留下了长久的阴影，很多年以后还对这件事记忆犹新，甚至还出现在梦境中。而母亲从那次以后再也不敢搭别人的单车了。

检索一下记忆，可能每个人对伤痛、悲剧的记忆强度都会高于对欢快时刻的记忆强度。欢快的经历一般很快就忘记了，伤痛却经久难忘。怪不得在文学或影视作品中，喜剧最多风靡一时，悲剧却能够流传很久。

在许多领域，破坏性的力量都要大于建设性的力量。比如，一个人要维持幸福的人生很不容易，需要事业有成、身体健康、家庭和谐等，这不仅需要自身的努力，还需要许多客观条件的配合。但是要破坏一个人的幸福却有千百种方法，大处如战争、瘟疫、自然灾害，小处如饮酒过度、疾病、夫妻吵架、孩子叛逆等，都足以让人烦恼。一次过度发力的快跑引发的足底筋膜炎，就足以让你苦苦积累数年的长跑纪录戛然而止。

自然领域也是这样，一栋大楼的建设可能需要几年、几十年甚至几百年的时间，然而它的摧毁却可能只在顷刻之间。

或许正是这种破坏与建设力量之间的非对称性，才让我们时刻提醒自己务必保持谨慎小心及理性自律。但是，过度害怕和恐惧也可能让我们变得束手束脚，从而错过一些重大机会。如何对待恐惧是投资的重要课题，这一章我们就来仔细打量一下恐惧这件事。

恐惧意识最强的人活了下来

害怕或恐惧的产生有其深刻的进化学依据。它是人类先祖留给我们的情绪遗产之一。前文讨论过，在原始社会，人类的祖先为了生存必须保持乐观，甚至有时需要展现出过度自信的一面。但事情总有两面，在迫不得已的情况下，他们也会选择躲避。毕竟当时的环境危机四伏，个体可能随时因为猛兽、毒蛇，甚至人类自己的残杀而失去性命。面对这些危险的时候，谁最快做出逃跑的反应，谁便获得了生机。

害怕会产生一系列有利于个体存活的生理反应，比如刺激肾上腺素的产生。当你受伤的时候，肾上腺素进入血液作用于相应受体，通过收缩伤口血管，减少出血，增强心功能以维持血压，为凝血系统启动止血争取时间，从而起到保护伤口的作用。此外，肾上腺素还会作用于肝脏，使之释放出葡萄糖，为肌肉提供必要的能量，以便于有机体发动攻击或逃走。害怕时心跳会加快，以促进血液的循环和流动。而且，血液流动的模式会发生调整，流向胃部的血液会转向肌肉。此外，人在害怕时呼吸也会加快，甚至变得非常急促，这能够增加氧气的吸入量以满足肌肉的活动，同时加快呼出二氧化碳。[1]

恐惧是害怕的升级。科学作家小拉什·多兹尔（Rush Dozier Jr.）在《恐惧本身》（*Fear Itself*）这本书中写道：“恐惧是人类的基本情感，因为生命是人类活动的基础。如果我们死了，那任何事都与我们无关了。”生存是最高的法则，恐惧意识最强的人反应最快，于是他们存活了下来，这种情绪也随之代代相传。所以恐惧也是一种进化适应，它和损失厌恶同属进化赋予我们的防御系统，只不过后者是“资源管理程序”，而前者是“保命程序”。

这在进化史上留下了生理学的证明。在我们大脑深处，和耳朵顶部平齐的地方，大脑颞叶内侧左右对称分布的两个形似杏仁的神经元聚集组织，叫作“杏仁体”。研究普遍认为，大脑杏仁体是恐惧记忆建立的神经中枢，可帮助我们逃避危险。杏仁体反应速度快到只有 12 毫秒，比眨眼的速度还快 25 倍。它类似于人体的预警系统，激起我们对危险的恐惧情绪，但也是它的过度警觉，使恐惧具有天然的放大倾向。我曾经亲身领教过杏仁体的威力。2008 年汶川地震之后，我被派往灾区采访，有一天，我到德阳市市区采访一个军方的医疗队。夜幕降临，医疗队好心安排连续采访了好几天疲惫不堪的我到德阳市一家医院的房间里休息。我清楚地记得，房间是在三楼，我刚到房间门口准备推开房门的时候，突然房门“哗啦哗啦”地急剧摇晃起来。旁边送我过来的小伙子大喊一声：“地震了，快跑！”我们拔腿就往楼下跑，如果有人计时的话，估计我应该创下了个人的 50 米短跑纪录。很快，我们了解到那是一次震感非常强烈的 6 级余震。当时的我并不知道杏仁体是怎么回事，现在回想起来才不禁感叹，我们大脑内的这个“小兄弟”反应之快真如闪电迅雷一般。

有意思的是，进化心理学研究表明，恐惧某种程度上其实是人类祖先为了求生存而造成的一种基因“幻觉”。举个例子，你不得已走进一片丛林，你知道不久前有个人就在那片丛林里被眼镜蛇咬死了。突然，一阵风吹过，草丛中有嗖嗖的声音，你毛骨悚然。草丛里其实是一只蜥蜴，但是你“千真万确”地看到了一条眼镜蛇，其实那不过是恐惧造成的幻觉。这种恐惧的幻觉对于我们的祖先来说是合理的：虽然草丛异动中出现眼镜蛇的概率只有1%，但是以为有蛇的念头在这1%的关键时刻却能够救你的命。[2]然而，在我们如今所处的高度安全的环境下，需要动用到这种恐惧幻觉的概率已经微乎其微了。

研究还表明，仅仅目睹一场痛苦的事件就会产生身临其境的恐惧感，这种恐惧的程度甚至不亚于当事人。这可能是由一种叫“情绪启发”的因素所致。情绪启发是指那些正在经历恐惧等强烈情绪的人倾向于将这些感受延伸至不相关的事件上。一个有趣的发现是，诸如地震之类的自然事件可能会影响人们对股市崩盘可能性的评估。在一项调查中，如果受访者所在区域方圆48公里范围内在30天内发生过地震，触发了情绪启发因素，那他们预估股市崩盘的可能性就会在统计上出现显著的上升。[3]

风险即情绪，古罗马哲学家西尼加的观察极具洞察力。他说：“我们的恐惧常常大于危险本身。”

大萧条中的恐惧

1929年开始的大萧条是美国和资本主义历史上的一场噩梦，与此前10年股市和经济的蓬勃向上相比，大萧条时的美国到处充满了悲伤。当时的曼哈顿有两个很大的棚户村，分别在河滨大道旁和中央公园方尖碑附近。失业的人们用锡铁罐、纸板和麻袋搭建住所，并把这片区域命名为“胡佛村”，以嘲笑时任总统的无能。贫困的农民将抛锚的廉价汽车的前脸锯下，安装到骨瘦如柴的骡子身上，称之为“胡佛马车”；饥饿的农民抓来长耳大野兔充饥，并称之为“胡佛猪”。当时在一些矿区，儿童营养不良的比例有时超过90%。有一个很悲伤的故事，一位教师建议一个小女孩回家吃点东西，孩子回答说：“我不能吃，今天该我妹妹吃。”大城市里，以前体面的丈夫每天西装革履地出门“上班”，实际上却是去艰难求职，甚至乞讨。

这些都是威廉·曼彻斯特（William Manchester）的著作《光荣与梦想》中所描述的场景。[4]当时的美国被悲伤的情绪所笼罩，人们对未来彻底失去了信心，而这种绝望进一步加剧了萧条。在大萧条期间，美国经济界的信心严重崩溃，导致银行大规模惜贷，即使利率几乎为零，企业也不愿意进行新的投资。

耶鲁大学经济学教授欧文·费雪（Irving Fisher）在1930年写道：“主要的危险根本不在于现实情况。危险在于恐惧，在于引发恐慌的恐惧，这种恐惧能从股市蔓延至企业。真正的勇士会承认，‘我唯一的恐惧是对恐惧的恐惧’。”

1933年，也就是大萧条最严重的一年，富兰克林·罗斯福总统在就职演说中引用了费雪的话：“我们唯一需要恐惧的就是恐惧本身，一种无以名状、失去理智和没有道理的恐惧。这种恐惧阻碍了我们将退却转化为前进的必要动力。”

经济学家凯恩斯后来总结：萧条是由“动物精神”的衰落引起的。罗斯福总统正是在凯恩斯主义的指导下，通过一系列恢复措施，重新唤起了美国经济的“动物精神”，从而逐步走出了危机。英国也是一样，当英国的经济开始复苏时，状况的好转的确应归功于信心方面的努力。德高望重的商人兼官员洛德·梅斯顿（Lord Meston）说：“我们摆脱萧条的真正秘诀在于，企业界的人下决心专注于他们自己的事务，并努力做到最好。”[5]

股票投资中的恐惧

在 1929 年美国股市的大崩盘中，股票市场交易量急剧放大，市场掉入了“暴跌—追加保证金—平仓盘卖出—继续暴跌”的死循环中。

1929 年 10 月 24 日这一天后来被称为“黑色星期四”，这一天有创纪录的 1 289 万次股票换手。一开市，纽约证券交易所的交易员们都开始发了疯似的来回奔跑，大量股票被抛出，有的股票根本没有买家，股价一泻千里。到中午 12 点时，已有 60 亿美元灰飞烟灭，两位银行家和一位股票经纪人因破产而自杀身亡。绝望和恐惧将美国股市推入无底深渊，从 1929 年 10 月到 1932 年 7 月，道琼斯工业指数下跌了 87.4%，著名的通用电气的股价从最高的 396 美元跌到 8 美元。

2020 年，类似的故事又一次上演。新冠疫情暴发之后，美股在 10 天内发生 4 次熔断，为美股历史上首次。当时的媒体上充斥着世界将发生大萧条的分析，一片世界末日的景象。谁也没有料到，不到一年时间，美股不仅全面收复失地，而且纳斯达克指数还比新冠疫情前上涨了 30%。事实上，正如前文提及的，美股的历次危机比如 2008 年次贷危机、1987 年 10 月 19 日“黑色星期一”等发生时，都有人认为 1929 年的大萧条要重演了，但后来的事实证明这些悲观的预言都错了。

A 股也类似。2015 年 3 月，A 股开启“杠杆牛市”模式，沪深两市单日成交额纪录一再被刷新，各项指数也不断攀升，尤其是创业板、中小板指数不断创新高。但在 2015 年 6 月 12 日上证指数创出 5 178 点高点后，可怕的噩梦来了。以清理场内外配资为导火索，上证综指在两个多月之内下挫了 45% 之多，恐惧引发的出逃行为使“千股跌停”的现象一再重演，令人叹为观止。

恐惧造成投资者杀跌，其实恐惧的另一种表现是彻底不敢投资。相比于投资的人数，更多的人是惧怕投资的。他们只是将钱存在银行获取微薄的利息，甚至将钱以现金的方式藏在床板底下，因为他们担心投资的环境不可控。但是实际上，就像彼得·蒂尔所说：“在一个快速变化的时代，最大的风险是不冒风险。”因为从大类资产的表现来看，现金长期来说是贬值的，这意味着由于通货膨胀的存在，你的钱会越存越少。

巴菲特说“别人贪婪时我恐惧，别人恐惧时我贪婪”，但知易行难，因为我们都被进化机制的局限所困。

破解之道 7：逆向思维
反过来想，总是反过来想

2008 年 10 月 17 日，在美国股市陷于次贷危机恐惧气氛最严重的时刻，巴菲特在《纽约时报》上发表文章，并取了一个非常“燃”的标题：*Buy American. I am*（我正在买入美国股票）。

10 余年之后回看，这篇文章显然已成为经典之作。

“无论美国还是世界其他地方，金融系统都是一片混乱。更糟糕的是，金融系统的问题已蔓延到整个经济体系之中，从小小的泄漏演变成猛烈的管涌。短期内，美国失业率将继续上升，商业活动将会停滞不前，而媒体报道也将会更加令人恐慌不安。”巴菲特先是描绘了一番世界末日般的景象，然后笔调突然来了一个 180° 的急转弯："因此……我一直在买入美国股票。"

接下来，他给出理由："恐惧正在蔓延，甚至吓坏了经验丰富的投资者。当然，对于竞争力弱、负债率高的企业，投资人保持谨慎是正确的。但对于美国那些竞争力强的企业的长期繁荣前景过于悲观就是非常错误的了。这些优秀企业的利润也会突然下滑，但大多数主要企业都会在未来 5 年、10 年或 20 年之内创下利润新高……我无法预测股市的短期波动，对于股市未来 1 个月或 1 年会涨会跌我一无所知。但是，很有可能在市场恢复信心或经济复苏之前，股市就会上涨，而且可能是大涨。"[6]

巴菲特并不是纸上谈兵。2008 年年初，巴菲特拥有 443 亿美元的现金资产，之后还留存了 2007 年度 170 亿美元的营业利润。然而，到 2009 年年底，他的现金资产减少到了 306 亿美元。也就是说，在次贷危机造成的金融市场的一片混乱之中，巴菲特以真金白银在大举扫货。

事后证明，巴菲特在次贷危机中的投资相当成功，2009 年美股反弹后，巴菲特仅对高盛和通用电气的投资收益就翻了一番，在半年内狂赚 100 亿美元。

“别人贪婪时我恐惧”

其实巴菲特也有灰头土脸的时候。2001 年互联网泡沫破灭前的 3 年，就是巴菲特职业生涯经历最大挑战的 3 年。1999 年纳斯达克指数上涨 39.6%，巴菲特当年的收益率是 0.5%；2000 年纳斯达克指数上涨 85.6%，巴菲特当年的收益率是 –6.2%。拒绝投资科技股的巴菲特从此前的投资“大神”变成了市场的弃儿，媒体纷纷形容他落伍了，话说得很难听，甚至有人形容他是“堕落天使”。巴菲特传记《滚雪球》记载，虽然巴菲特内心仍然坚定，但是他对公众的批评也非常敏感，所以他避开了一切抛头露面的机会。

不仅如此，当时市场上还谣言四起，说巴菲特住院了，而且“病情”危急导致伯克希尔 – 哈撒韦公司的股票遭到疯狂抛售。那一年，巴菲特确实住院了，但只是治疗肾结石和切除结肠息肉，身体并无大碍。[7] 说 2000 年前后是巴菲特投资生涯的“至暗时刻”一定不为过。

但是巴菲特不为所动。在 1998 年年度股东大会上，股东们一个接一个地提问道：“为什么芒格和巴菲特没有投资任何东西？”而芒格和巴菲特只是坐在那里反复回答道：“股票价格太高了。”在 2000 年伯克希尔 – 哈撒韦公司的股东大会上，巴菲特被逼得进一步明确表示：“我不希望参与科技股的投机……任何时候爆发投机都会得到纠正。”然后，像往常一样，他转向芒格：“查理？”接着，芒格说出了一句经典的话：“如果把葡萄干和狗屎混合在一起，那还是狗屎。"芒格竟然把科技股说成是狗屎！这让会场陷入了一阵长久的骚动。[8]

巴菲特和芒格之所以不为科技股的狂热气氛所动，正是因为他们遵守着"别人贪婪时我恐惧"的原则。2001 年科网泡沫崩溃，股指从 5 046 点下跌约 78% 至 1 114 点，之前志得意满的人纷纷破产，但是巴菲特和芒格却躲过了一劫。

"如果我知道死在哪里，那我就永远不会去那个地方"

"别人恐惧时我贪婪，别人贪婪时我恐惧"是典型的逆向思维。中国古典智慧里也早就有逆向思维，司马迁《史记·货殖列传》中描述商人时就有"人弃我取，人取我与"一说。司马光砸缸运用的也是逆向思维，别人救人离水，而司马光的方法是使水离人。

芒格对逆向思维有很多精彩的阐述。1986 年，芒格被哈佛大学邀请作为毕业典礼上的演讲嘉宾。他没有像许多导师那样对同学们讲述人生的成功之道，相反他开出了几味确保人生失败的药方，这一点他借鉴的是美国主持人约翰尼·卡森（Johnny Carson）的演讲方式。卡森开出的确保痛苦的生活方式包括：

- 第一，为了改变心情或者感觉而使用化学物质。

- 第二，嫉妒。
- 第三，怨恨。

芒格在此基础上又加了几味药：

- 第一味药：要反复无常，不要虔诚地做你正在做的事。芒格说，只要养成这个习惯，你们将会永远扮演寓言里那只兔子的角色。只不过跑得比你们快的不再只是一只优秀的乌龟，而是一群又一群平庸的乌龟，甚至还有些拄拐杖的平庸乌龟。
- 第二味药：尽量别从其他人成功或失败的经验中广泛地吸取教训。这味药肯定能保证你们过上痛苦的生活，取得二流的成就。
- 第三味药：当你们在人生的战场上遭遇第一、第二或者第三次严重的失败时，就请意志消沉，从此一蹶不振。即使是最幸运、最聪明的人，也会遇到许许多多的失败，这味药必定能保证你们永远陷在痛苦的泥沼里。
- 第四味药：请忽略小时候大人们告诉我们的那个乡下人的智慧：“要是知道我会死在哪里就好啦，那我将永远不去那个地方。”热爱痛苦生活的人应该不惜任何代价避免应用这个乡下人的方法。

这就是芒格的独特思考方式。在芒格看来，“生活和生意上的大多数成功来自你知道应该避免哪些事情，如过早死亡、糟糕的婚姻等”。所以，如果要明白人生如何才能得到幸福，首先要研究人生如何才能变得痛苦；要研究企业如何做强做大，首先应研究企业是如何衰败的；大部分人更关心如何在股市投资上成功，其实最需要关心的却是为什么在股市投资上大部分人都失败了。所以他总是强调“反过来想，总是反过来想”。

逆向思维便是反过来想。那么，为什么反过来想就有用呢？因为市场的背后是人性，而人性的一些弱点是具有传染力的。比如恐惧，当恐惧或悲观主义流行的时候，价格就会走低，但是“从长远来看，股市消息将会变好。现在所有的坏消息将给投资者在未来 5 年、10 年甚至 20 年里创造机会”。所以，巴菲特说：“恐惧的氛围反而是投资者的好朋友。”

在巴菲特看来，当人们对一些大环境事件的忧虑达到最高点的时候，事实上也就是做成交易的时候。“恐惧是追赶潮流者的大敌，也是注重基本面的财经分析者的密友。”他甚至认为“股灾是上帝给价值投资者最好的礼物”。在 2009 年度致股东的信中，巴菲特不惜动用夸张的比喻来强化自己的观点：“如此巨大的机会非常少见。当天上下金子的时候，应该用大桶去接，而不是用小小的指环。”

反过来也一样，当贪婪或过度的乐观主义流行的时候，人人争先恐后追逐股票，股票的价格就会走高，泡沫因之而生，当有一天人们发现这高价格根本就是空中楼阁的时候，就是泡沫破裂的时候。牛市更容易亏钱就是这个道理，有数据显示，在2014—2015年中国股票市场泡沫迅速膨胀又破裂之后，财富总量居前0.5%的个体投资者盈利2 500亿元，而后85%的投资者亏损2 500亿元。[9]这个盈亏比例甚至比我们常说的股民“七亏二平一赚”更为极端。所以投资的一个朴素的真理是“人多的地方别去”，不然很容易酿成踩踏事件式的悲剧。

其实，当脆弱的人性与历史观相结合，就会产生一个钟摆：当危机来临的时候，大家都纷纷联想上一次更严重的危机，觉得这次肯定过不去了；而当诱惑来临的时候，大家又容易忘掉历史，觉得新的历史正在被创造，这次与之前不一样。在前一种情形当中，我们被历史所锚定，努力寻找危机的相同之处而忽略了不同之处，从而陷入恐慌。在后一种情形当中，我们又犯了忘记历史的过错，开始变得过度自信和盲目乐观。这两个极端都使投资者付出了极大的代价。

基于深度价值研究的逆向投资策略指引我们抵抗极端的人性情绪。历史的教训当然需要被认真吸取，但是如果对历史重演的恐慌已经压倒我们的理性，那或许就需要我们运用智慧和勇气去寻找历史的不同，以觅得生机。总之，无论是对于过度悲观还是过度乐观，逆向思维都是一剂良药。

《道德经》说：“俗人昭昭，我独昏昏。俗人察察，我独闷闷。”

意思是说，世人都光辉夺目，唯独我迷迷糊糊；众人都活得明明白白，唯独我浑浑噩噩。老子想告诉我们，不要人云亦云，做个不一样的人，挺好。投资亦然。

重阳实践：深度研究之后的“人弃我取”

重阳投资是国内头部私募中具有典型逆向风格的投资机构之一，我们自己将这种风格概括为“基于深度价值研究的逆向投资”，也就是通过深度的以内在价值为目标的研究找到机会，在别人不太关注的时候去买。

重阳投资创始人、首席投资官裘国根先生对此曾有过精彩比喻。他说：“你选了一条你认为正确的路，然后举着火把走在前面。但是，走了一段之后发现没人跟着，这时候你肯定会想，我选的这条路是否一定是最值得走，或者最该走的那条路？但是市场还是蛮聪明的，如果你真的发现了一个很好的东西，应该不会等太久就有别人也认识到。”

重阳投资的策略并不是简单地追求与市场相异或相反，而是经过深入的差异性研究和风险收益审慎权衡之后的“人弃我取”，背后原理在于市场效率的短期弱有效性和中长期强有效性。逆向投资在选择进入的时候，肯定是市场普遍认识还没到位，只有少数人觉得发现了一些别人还没有看到、没有发现价值的阶段。

这个时候就是市场短期失效的时候，但是市场中长期是非常有效率的，所以当市场慢慢认识到少数人买入的的确是具有投资价值的公司时，自然也就有人跟随买入，股价从而迎来上涨。股票上涨的过程，就是少数人的认知变成大众认知的过程。[10]

以长江电力（600900.SH）为例。2012 年下半年，重阳投资通过研究发现，长江电力具有较高的投资价值，原因有三：第一，长江电力具备独一无二的资源禀赋，三峡集团拥有长江流域水电独家开发权，而长江电力是其唯一水电业务平台；第二，公司具备相对确定的成长性，既包括外延式增长、内涵式增长，也包括电力市场改革带来的制度红利，还有财务费用降低带来的盈利增长；第三，股票估值具有安全边际，因为无风险利率的下行以及风险溢价的降低引导折现率下降。

同时，重阳投资根据不同情境对长江电力进行了 DCF（现金流折现）估值分析。结果显示，即使使用较为保守的假设，长江电力当时的股价仍具备较高价值的安全边际。另外，如果资产注入、电价改革、经济回升带动社会用电量增速加快等变化如期而至，那么其股价将具备更为可观的上升空间，也将为投资者提供更为充足的安全边际。

2012 年第三季度到 2014 年第三季度，重阳投资一直处于平稳建仓、逐步攀升的阶段，持股数从最初的 8 175.01 万股逐步加仓到 1.39 亿股，占比为 1.42%，这一过程历时 2 年。其间，长江电力股价并没有太大起色，一直在 5.5 ～ 7.5 元波动，2014 年年初还触底最低 4.88 元，随后震荡攀升。

2014 年年底，《关于进一步深化电力体制改革的若干意见》获得国务院通过。而自 2014 年第四季度开始，重阳投资加快了布局进程，“上海重阳投资有限公司”“外贸信托—重阳对冲 1 号”双双出现在长江电力前 10 大股东中，总计持股 2.06 亿股，占比为 2.11%。2015 年第一季度，重阳旗下又一产品“上海重阳战略投资有限公司—重阳战略聚智基金”出现在长江电力前 10 大股东之列，与另两只产品合计持股增至 2.74 亿股，占比 2.8%。

截至 2015 年半年报发布，重阳投资已经占据长江电力前 10 大股东的 4 个席位，合计持股达到 3.43 亿股，占比为 3.52%。至此，长江电力的股价到达阶段高点 14.84 元，停牌于 14.35 元，相较于重阳最初建仓时涨了近 3 倍。①[11]

① 引自《私募的进化》。书中，私募基金“超级智囊”格上研究中心以全方位的视角，再现中国私募行业波澜壮阔的发展历程，详细探究了行业代表性企业的崛起之道。该书中文简体字版已由湛庐策划，由四川人民出版社于 2018 年出版。——编者注

08

以“独立思维”破解“盲目从众”

认知陷阱 VS. 破解之道

盲目从众

我们都是随大流的
“绵羊”

独立思维

投资要在知识上做加法，
在心性上做减法

认知陷阱 8：盲目从众
我们都是随大流的“绵羊”

1720 年 12 月的某一天，伟大的科学家牛顿在自己的日记中写下了一句经典名言：“我可以计算出天体运行的轨迹，却难以预料到人性的疯狂！”

当时的牛顿已经 77 岁，贵为英国皇家学会会长及皇家铸币厂厂长，身份极为显贵，是什么事情能够让他发出如此感慨呢？答案是股票。

1689—1714 年，由于连年战事，英国政府欠下了巨额债务，这些债务以国债的形式存在。1711 年的时候，市面上流通的英国国债高达 950 万英镑，每年英国政府都要拿出税收的一大半来支付国债利息。

为了彻底解决债务危机，财务大臣罗伯特·哈利（Robert Harley）想出了一个妙招，如果能将某一地区的特许贸易权同市面上流通的国债交换，债务危机就能迎刃而解。而实现这个设想的途径就是建立一家公司，然后用公司股票同市场上流通的国债交换，这样债权人变成股东，债务关系完成转换。这实质上是一种特殊的"债转股"，通过这么一置换，英国政府甩掉了巨额债务，而如果公司经营顺利的话，原来的国债持有人还能获得比利息收益更高的利润，而公司也可能赚得盆满钵满，是一桩三方共赢的买卖。

这就是1711年南海公司成立的背景，它拥有垄断南海贸易的特许权。南海，指的是包括现在的拉丁美洲在内的大西洋沿岸地区，当时的欧洲人认为这块土地上满是黄金，所以都对南海公司充满了期待。

不过可能是因为战争持续发生，南海公司所谓的贸易一直没什么起色，到1719年，英国的债务不仅没有减少，而且大幅增长，超过3 000万英镑。一项更为大胆的"南海计划"出炉了。1720年1月，南海公司向政府表示愿意支付750万英镑，以换取管理国债的特权。以政府的信用背书，南海公司开始大量发行股票。

要想股票发得好，就要有噱头。当时的欧洲人正沉迷于东方的金矿幻想，而南海公司的创始人、地位显赫的贵族罗伯特·哈利恰好是个营销高手。他开动宣传机器，不断向市场散布“在墨西哥、秘鲁一带发现巨大金银矿藏”“金银财宝就要源源不断运回英国”之类的美妙但虚假的信息。

此外，南海公司当时就已经开始玩各种花哨的金融创新，比如推出股权认购产品。一只股票面值 100 英镑，认购者只需要支付大约 1%，也就是 1 英镑就能获得所有权。同时，南海公司会规定一个具体时间让股东缴足股金，但是在此之前该只股票，确切地说是该只股票的所有权也能够随意出售。如果股价下跌，或者股东无法在规定时间内缴足股金，那他的所有权益都将丧失。

南海公司还承诺，所有持有国债的人都可以把尚未兑换的国债年金转换为南海公司的股票。对于持有英国国债的人来说，与其按照国债的面值领取固定的年金，还不如将国债转换成南海公司价格不断上涨的股票，结果有 52% 的短期年金和 64% 的长期年金被转换成了南海公司的股票。

在美好蓝图和金融创新的双重推动下，南海公司的股价飞速上涨，形成了波澜壮阔的杠杆牛市。票面价值 100 英镑的股票，1720 年 1 月时还只有 128 英镑，到 3 月初即达到 200 英镑，3 月末即超过了 400 英镑，6 月涨到 900 英镑，8 月突破 1 000 英镑。

当时的英国，上至达官贵人，下至贩夫走卒，所有人都沸腾了。有人这样描述：政治家忘记了政治，律师不再打官司，医生把病人放在一边，店主让自己的店铺关门歇业，牧师放下《圣经》离开神坛，就连深居简出的贵妇都放下高傲和虚荣，所有人都来到市场抢购南海公司股票，只盼着股价飞涨后出手大赚一笔。

巨大的利益使许多英国国会议员和政府大员与南海公司相互勾结，疯狂牟利。先后有 542 位议员、250 位贵族卷入了股票交易。议员持有的股份总额为 110 万英镑，贵族持有的股份总额为 54.8 万英镑。连国王也禁不住诱惑，认购了价值 10 万英镑的南海公司股票。

在这样热烈的气氛下，伟大的科学家牛顿也坐不住了，他也决定入市。他大概是在每股不到 200 英镑时买入了 7 000 英镑。很快，股价就翻了倍，此时的牛顿还保持着理性，愉快地套现了。让他没想到的是，在他卖出之后，股价涨得反而更快，身边的朋友们个个发了大财。牛顿再一次按捺不住了，在每股将近 700 英镑时加码买入，而此时南海公司的股票离崩溃已经不远了。

说起南海股票的崩溃，也非常有戏剧性。南海公司为了让股票不断上涨，从 4 月开始就不断向投资者提供贷款和分红，到 8 月末南海公司的流动资金已经枯竭。南海公司股票本来就是一个靠杠杆累积起来的空中楼阁，一旦没有新的流动资金入场，自然就会崩塌。

在崩塌的过程中，一个意外的插曲起到了推波助澜的作用。南海公司所创造的巨大财富效应在全社会形成了一股跟风浪潮，投机分子纷纷效仿南海公司以达到圈钱的目的。这一年，英国冒出了202家“股份有限公司”，其中不乏稀奇古怪的“确保女人保持贞洁公司”“在适当的时候才公布营业性质公司”等，有专营从西班牙进口翠鸟的，还有专营头发买卖的。当时坊间流传的一个故事是，一个伦敦的印刷工人登记了一家“正进行有潜力生意”的公司，虽然没人弄得明白这家公司到底是做什么生意的，但这个印刷工人还是在6小时之内卖出了2 000英镑的股票。要知道，2 000英镑在当年可是一笔巨款。接下来发生的事与一般骗局的剧情没什么两样：这个印刷工人跑路了。

这些跟风而起的骗子公司显然破坏了南海公司的垄断利润。于是，英国议会在1720年6月通过了被民间称为“泡沫法”的《反金融诈骗和投机法》。该法宣布：在没有议会法案或国王特许状给予法律权利的场合，禁止以公司名义发行可转让股票，或转让任何种类的股份。从表面上看，这个法案是为了遏止投机之风，而实际上它是由投资了南海公司的许多议员提出的，目的是确保南海公司的垄断地位和自己的利益不被稀释。7月底，有86家公司被列为“泡沫公司”，这86家公司吹起的泡沫立刻破裂。

吊诡的是，这些泡沫公司的破灭提醒了股民重新审视南海公司，他们开始担心起南海公司的收益能力。一看局势不妙，一些“内幕交易者”开始率先出逃，据说财政大臣约翰·艾思拉比（John Aislabie）一下子就赚了90万英镑。这种不同寻常的抛售行为让更多投资者开始抛售股票。

那是令伦敦人至今都谈之色变的几个月：整个证券市场笼罩在一片恐慌中，成千上万的股民倾家荡产，血本无归，有的甚至连养老金都赔光了，股票市场的崩溃造成了极为严重的社会灾难。到了1720年12月，南海公司的股票已经变成废纸，就算再低的价格也没人买。“南海泡沫事件”之后，英国民众不敢再问津股票之事，闻股份公司而色变。整整一个世纪间，英国竟没有发行过一张股票。[1]

牛顿便是南海泡沫破裂时仓皇出逃者中间的一员，最终他的亏损高达2万英镑。正是这次惨痛的教训让他写下了本章开头的那句话。

乌合之众

要理解牛顿炒股为何会惨败就要说到羊群效应。某一年，我带正在上小学的孩子和他的同学在美国黄石国家公园自驾旅行，我与两个小学生做了个小小的心理实验。黄石国家公园处处是景，道路两边有很多停车点可随时停下来欣赏，这些停车点一般都没有画线。在一处景色绝佳的地方，我们准备下车来拍照，当时那个停车点还没有其他车辆。我跟两个小学生说，我们这次不要把车停得很正，而是稍微停得歪一点，大概有个30° 的倾斜，目的是看看后面来的车会不会跟我们一样也倾斜着停车。我们等了一小会儿，第二辆车就来了，车主毫不犹豫地将车子按照我们的角度停在了旁边。孩子们感到很惊奇，问这是为什么，我不无得意地告诉他们，这就是心理学上的“从众效应”。

生活中有许多从众效应。有一个有趣的实验：一个不知情的被测试者 A 先走进电梯间，按照正常模式，面对电梯门站立。然后，另外两个知情的实验者 B、C 先后进入电梯，但都背向电梯门站立。A 变得有点不安起来，并开始犹豫是否该转过身去。然后又进来一个知情者 D，采取与 B、C 一样的站姿，A 心里感到奇怪，但短暂的犹豫后，也转过身去以保持与其他三个人一致。

人类在发现自己的愚蠢后，一般不会用自己来命名，但会找一种动物来做暗喻，前面我们已经讽刺过鸵鸟，这次轮到绵羊了。羊群是一种很散乱的组织，平时在一起也喜欢盲目地左冲右撞，一旦有一只头羊动起来，其他的羊就会不假思索地一哄而上，哪怕头羊跳下悬崖，后面的羊也会毫不犹豫地跟着跳下去。这就是著名的“羊群效应”。

根据社会学家的研究，人类在政治社会生活中也经常犯羊群效应的错误。这方面最著名的著作要数古斯塔夫·勒庞的《乌合之众》了。

勒庞发现，我们每个人在独处的时候往往表现得很理性，但是一旦进入一个群体，人的性情就会发生变化，甚至表现出另外一种截然不同的特征。

1792 年 9 月，法国大革命期间，一则消息引爆了巴黎：普鲁士军队已经攻下了凡尔登，正在“磨刀霍霍”向巴黎进军。在一片混乱之中，不知从何处传来的谣言宣称，巴黎一旦被攻陷，监狱里的囚犯就会被释放，他们会帮助军队攻击巴黎。

在各种想象的刺激之下，一场惨无人道的大屠杀开始了：5 天之内，巴黎监狱里的 1 200 ～ 1 400 名囚犯被暴民就地处决，其中包括 200 多名天主教教士。那么行凶的又是一些什么人呢？他们在平日里是店主、鞋匠、锁匠等普普通通朴实善良的巴黎人民，如今摇身一变就成了残暴的野蛮人，就像是月圆之夜变身的狼人。

社会认同与羊群效应

人类的进化大致遵循两个路径：一是自然选择，适者生存，不适者被淘汰；二是社会选择的法则，在必须集体狩猎以确保生存的时代，个体如果得不到集体的认同甚至被集体驱逐，那就与面对毒蛇猛兽而丧失逃跑能力一样危险，因为他很可能会被其他部族的人残杀。原始社会可不是一派温情脉脉的田园牧歌，或者说他们的温情脉脉仅限于自己部族之内。根据人类学的研究，一般来说，原始人会把世界分成两部分：一部分是自己身边的环境，包括家庭、自己所在的村庄、亲族、朋友、已驯化的动物、巫师；另一部分是身边以外的世界，包括邻近村庄、部落联盟、敌人、野生动物等。“这种基本的分类方式使得敌友界限较容易划清，敌人是要打杀的，而朋友不能被如此对待。原始人还把敌人贬低成恐惧，甚至是低于人类的动物，这样敌友对比就更加明显了。”[2] 由于原始人获取食物、干净的饮用水等生存资料很困难，所以这种强烈的领地意识和敌我分野并不难理解。为了生存下来，原始部落之间的争斗和残杀十分常见，以至于发展出以猎取敌人头颅为荣耀的部族文化。所以，一个原始人最好的策略不是发扬什么独立精神，而是小心翼翼地跟族人保持一致，以免遭遇放逐。

到了现代社会，情况虽然不再那么糟糕，但是社会压力同样无处不在，这种压力迫使我们从众。在第二次世界大战中，一位不愿意反对大屠杀的德国军官解释说：“我害怕司令和其他人会认为我是一个懦夫。”因为害怕违抗军令而遭军事法庭的惩罚，1968 年一些美国士兵参与了越南米莱村的大屠杀。对于那些特别想顺着社会地位阶梯往上爬的人而言，规范性影响更易导致其服从。正如美国前总统肯尼迪所说：“我进入国会时就有人告诫我，与人相处的方法就是随大流。”[3]

中国文化中的一些名言也同样告诉我们与群体保持一致才是最安全的，比如“木秀于林风必摧之”“枪打出头鸟”之类。

可见，随大流和社会认同是一种进化适应，它从某种程度上保护了个体的安全。这并非绝对是坏事，在某种程度上是协同合作和推动社会进步的心理基础。《乌合之众》一书同样展现了群体特性中非常积极的一面。比如1793年，法国在反法同盟的强大攻势之下，国民既没有粮食，又没有武器，却奇迹般地挫败了反法同盟的进攻，以一种大无畏的革命英雄主义拯救了法兰西共和国。“正是这种无意识的心理背景下的英雄主义创造了历史。假使群体总是表现得像个体那样冷静而功利，那么，世界历史将会表现得乏味很多。”勒庞写道。[4]

此外，也有大量证据证明群体是理性的。有一场实验，让800名观众聚集在一头肥牛旁参加一场特别的比赛——猜测这头肥牛的重量。参与者需要在小纸条上写下自己估算的重量，比赛结束后，肥牛将被宰杀并称重。比赛结束后，工作人员收集了所有纸条，并统计了数据。他们发现，参与者的中位数估算值是547千克，只比肥牛的实际重量少了1%，非常精准。

就像是与勒庞叫板，美国作家詹姆斯·索罗维基（James Surowiecki）专门写了《群体的智慧》这本书。该书的核心观点是：在特定条件下，群体的集体判断或决策往往比单个专家更准确、更高效。

那么群体到底是聪明的还是愚蠢的，到底是理性的还是癫狂的呢？关键就在于索罗维基的“特定条件”之中，其核心包括4条。

- 多样性：群体成员需具备不同的背景、知识和视角，避免信息同质化。
- 独立性：个体的意见不受他人过度影响，如权威人士施加的压力。
- 分散性：允许成员基于本地化、个性化的信息做出判断。
- 聚合机制：存在有效的机制将个体意见汇总为集体决策。

如果缺乏这些条件，群体可能陷入“乌合之众”的非理性状态（如羊群效应或群体极化）。

那么问题来了，股市的环境更符合群体智慧还是乌合之众呢？长期来看，股市价格趋向反映企业的真实价值，符合群体智慧和市场有效理论。但是短期则常常失效，因为它常受非理性因素的驱动，偏离群体理性。股市的环境显然不符合索罗维基提出的 4 个特定条件。

此外，还有 FOMO 心理会加剧从众效应。FOMO 是 Fear of Missing Out 的简称，翻译过来为“错失恐惧症”，是指人们害怕错过他人正在经历的精彩瞬间或重要事件，从而产生的一种焦虑和不安的情绪。这种心理状态在社交媒体时代尤为普遍，人们通过不断刷新社交平台、查看朋友们的动态，来缓解自己的焦虑感。

在投资领域，FOMO 心理表现为投资者在看到他人因投资获利时，担心自己错过赚钱机会，从而盲目跟风投资。例如，在股价高涨时，一些投资者可能会忽视风险，纷纷追涨买入，结果可能导致在市场调整时遭受损失。

经过这样的分析，我们就不难明白为什么股市里充满了从众效应，连牛顿都不免中招了。

破解之道 8：独立思维

投资要在知识上做加法，在心性上做减法

盲目从众除了会使投资者犯追涨杀跌的错误之外，还会使其对股票表现出无原则的“博爱”。投资者往往听风就是雨，本金可能不多，却买了一大堆股票。相比而言，成功的投资家是一群能够克制人性的躁动、专注于少数股票的人。

芒格说，他一生中仅投资了 3 家企业就很成功了，它们是伯克希尔–哈撒韦公司、好市多和李录的基金。

巴菲特也讲过类似的话。他说：“对任何一个拥有常规资金量

的人而言，如果他们真的懂得所投的生意，那 6 只股票已经绰绰有余了。”甚至，“只要你能顶住价格的波动，拥有 3 只股票就足够了”。

巴菲特的老师之一菲利普·费舍也是这方面的模范。巴菲特曾说他的投资哲学 85% 来自格雷厄姆，15% 来自费舍。1987 年，费舍在一次罕见的媒体采访中透露了他的投资哲学，核心便是“少就是多”。他的核心股票只有 4 只，此外，他会用少量的钱去买一些有潜力进入核心股票池的股票，通常是 5 只。他从 20 世纪 30 年代的 2 只股票开始，50 年间总共发现过 14 只核心股票，这是一个很小的数目。但是，它们为费舍赚了很多钱，其中最少的都有 7 倍的投资回报，最多的收益甚至能达到几千倍。[5]

彼得·林奇在《战胜华尔街》中也表达过类似的观点：“作为一个业余选股者，根本没必要非得寻找到 50 ～ 100 只能赚钱的股票，只要 10 年里能够找到两三只赚钱的大牛股，所付出的努力就很值得了。资金规模很小的投资人可以利用‘5 股原则’，即把自己的投资组合限制在 5 只股票以内，只要你的投资组合中有 1 只股票上涨 10 倍，那么即使其他 4 只都没有涨，你的投资组合总体上也能上涨 3 倍。”[6]

为什么选股宜少不宜多呢？原理其实也很简单，《穷查理宝典》一书写道，芒格引用了比尔·格罗斯的话来阐释这一点：“如果你拥有 40 位妻妾，你一定没有办法对每一个女人都认识透彻。”

投资股票也是一样，如果抱着“与股票结婚”的态度，就必须要深度了解股票，但一个人精力有限，不可能对几十只、几百只股票都很熟悉。而一旦你踏足了不熟悉的领域，就很有可能陷入雷区。

专注才是股票投资成功的关键。芒格自己曾总结：“我的成功源自我的长期专注。”在他看来，极度专业化才是成功之道。“比起理解整个世界来说，大多数人更加擅长专攻一个方面。”相反，“那些同时处理多项任务的人都付出了很大代价”。

坐等投资法

多数投资者不光“博爱”，而且很“好动”，频繁买进卖出，眼睛紧盯股票行情，几分钟就查看一次，如果不这么做就觉得心里发慌。这是股票投资亏损之源，法国哲学家布莱士·帕斯卡尔一针见血地指出：“人类所有的不幸都来自一件事，即不知道如何在房间里保持安静。”[7]成功投资家的状态正好与此相反。巴菲特多数时候喜欢独自一人待在书房里，既没有顾问，也没有随从。他坐在发黄的报纸和父亲的照片前，静静地享受爱默生式的恬静与孤独。几小时静静地过去，连电话铃声都很少响起。

他最大限度地减少外界对他的干扰，不像多数投资人那样挤在华尔街，他将总部放在了老家的小镇上，甚至办公室里都不安装计算机。好友比尔·盖茨向他兜售计算机，他也不为所动。后来勉强安装了一台，也是用于打桥牌游戏，而不是用来查看股票行情。有人总结出“三不主义”来形容巴菲特的投资风格：不看大盘，不相信技术分析，不去做预测。他甚至开玩笑说，假如他在股市开盘期间常常溜去看电影的话，应该会赚得更多。

巴菲特和芒格干得最多的事情是看书和思考。芒格说：“我们花很多时间思考。我的日程安排并不满，我们可以坐下来不停地思考。从某种意义上说，我们更像学者而不是生意人。我总是会坐下来静静地思考几小时。我并不介意在很长的时间里没有任何事情发生。”

芒格半开玩笑地说自己使用的是“坐等投资法”，听起来像姜太公钓鱼——愿者上钩。这在投资界并不是孤例。甚至以短线交易成为20世纪初华尔街“抢钱小子”的利弗莫尔在累计输赢了几百万美元之后也体会到了同样的道理。“总是设法抢进抢出，对我来说是致命大患，”他在回忆录里写道，“我的想法从来都没有替我挣过大钱，总是坚持不动替我赚大钱，明白吗？是我坚持不动。”[8]

另一位华尔街著名的投资者吉姆·罗杰斯（Jim Rogers）则说：“我只管等，直到有钱躺在墙角。我所要做的全部就是走过去把钱捡起来。”

为什么股票投资不用太着急呢？巴菲特对此做过非常精妙的解释，他用棒球来类比股票投资："我把金融投资称为世界上最美妙的行业，因为你不用每一球都挥棒。你只要站在本垒旁边，观察对面的投手向你扔来的一个个球，也就是不同股票的股价：通用汽车47美元、美国钢铁39美元……而且，没有裁判会判你出局，唯一的惩罚不过是丧失机会而已。你可以花一天的时间来等待最合心意的那个球，然后趁捕手打盹的时候，挥动球棒，一举击中。"

股市是一个生生不息的系统，只要不被关闭，永远都有机会。"市场先生"每天都来向你叫卖，你不需要每一次都接受报价，所以大可从容一点。所谓"市场先生"是价值投资之父格雷厄姆创造出来的一个虚拟角色：设想有一位市场先生与你交易，他每天来敲你的门，风雨无阻。这位先生会对你们双方手中的东西提出买卖价格，但是他很情绪化，报价时高时低。如果你不理他，他也不生气，明天一如既往给你新的报价，等你答复。[9]

格雷厄姆告诫投资者："市场先生对我们有用的地方是他口袋中的报价，而不是他的智慧，如果市场先生看起来不太正常，你就可以忽视他或者利用他这个弱点。但是如果你完全被他控制，后果将不堪设想。"

正因为"市场先生"是情绪化的，所以他给出的报价很多时候是噪声，而不是真正有用的信息，理性的投资者需要认真甄别，而不是被他所左右。

独立思考，学会与自己相处

投资是一件专业性很强的事，一个成功的投资人需要掌握大量的知识。他必须能看懂企业，为此他需要懂得经济学、金融学、数学、财务学、会计学等。他也需要懂得市场，而市场由人组成，为此他需要懂得社会学、心理学、历史学，甚至政治学。

投资又是一门心性艺术，需要减少一切不必要的干扰。当今的世界，颜色越来越艳丽，声音越来越动听，味道越来越美妙，于是人的内心世界也越来越难以把握，人性的贪婪、恐惧、嫉妒等弱点均被急剧放大。正如“指数基金教父”、先锋集团创始人约翰·博格尔（John Bogle）所说：“我们拥有很多消息，它们代表知识吗？我表示怀疑。我们拥有很多信息，它们代表智慧吗？我更无法想象。”[10] 树欲静而风不止，诱惑越来越多，陷阱也越来越多，这都是投资人需要避免的。所以“多少之辩”和“动静之辩”是一体两面，是另外一种逆人性。

做投资既要在知识上做加法，又要在心性上做减法，它绝不仅仅是知识的简单累积。守静去躁才是投资的要义。

做减法也罢，守静去躁也罢，其目的是什么呢？是为了独立思考。或许是因为在人类社会早期，族人们必须一起协作狩猎才能确保生存，所以人类保留着强烈的社交属性，我们本性上不善于独处。我们总是希望走出房间，与他人建立联系，生怕被组织所遗忘或抛弃。其实，这种担忧是不必要的，除非你执意要与世隔绝，不然这个世界一定会及时与你联系。尤其是当下这个信息时代，我们更需要担心的恐怕是过度联结和信息过载。如果人能够恰如其分地学会与自己相处，大概就能消除人生一大半的烦恼了。多数人生活在相对的世界里，优秀的投资家则能够在不与人进行比较的绝对的世界里如鱼得水，他们是一群耐得住寂寞的人。当然，这并不是在一味地倡导遗世独立，与世界的适当联系还是必不可少的。对此，重阳投资创始人、首席投资官裘国根先生有过精彩论述："无论是分析师还是基金经理，交流越多，观点越容易被同化；反之，若不与同行交流，离市场太远，可保持独立，但一旦发生'群众运动'，将很被动。由于时间的有限性，基金经理要在独立思考和与同行交流之间保持平衡。"

关于如何在纷繁复杂的世界中自处，老子早有教诲。他说："五色令人目盲；五音令人耳聋；五味令人口爽；驰骋畋猎，令人心发狂；难得之货，令人行妨。"现代社会，五色（颜色）、五音（声音）、五味（味道）已经发展为百色千色、百音千音、百味千味，处处都有"难得之货"（稀有的东西、奢侈品），人们既能从中获得充分的便利与享受，也时时受着心性的诱惑与考验，一不小心便要迷失本性。怎么办呢？那就需要"致虚极，守静笃"，守住心中的那份清净。巴菲特和芒格无疑是这方面的杰出典范。

除了守静去躁，独立思考也要求我们敢于保持质疑精神。罗伯特·西奥迪尼[1]给了一个很好的建议：警惕明显是伪造的社会证据。什么是伪造的社会证据呢？比如网购商品评论区过于完美的留言，实体商店门口蹊跷的长队，代言明星夸大其词的广告语，对某家上市公司众口一词的赞誉，等等。这些伪造的社会证据迫使我们放弃独立思考，加入羊群的队伍。

芒格是敢于说“不”的典范。在巴菲特和芒格刚刚认识的时候，他们还没一起做生意，各自拥有一家合伙投资公司。巴菲特经常给芒格打电话说“我想做某件事”，并对这件事加以描绘。芒格会说：“天啊，你在开玩笑吗？有这种风险和那种风险。”因为芒格经常提出不同的意见，所以巴菲特有时候称芒格为“可恶的说‘不’大师”。在选股方面，巴菲特应当是头号权威了，但是芒格并不盲从。巴菲特对此不仅不恼怒，而且给予充分的理解：“查理明白要找到真正好的东西很难。所以，即使你 90% 的时间都在说‘不’，你也不会错失太多的东西。”的确，无论是投资标的、事业机会还是好友数量，我们每个人其实并不需要很多，这正是所谓的“宁缺毋滥”。

① 罗伯特·西奥迪尼（Robert Cialdini），知名社会心理学家、全球知名说服力研究权威。其经典著作《影响力（全新升级版）》解释了隐藏在顺从他人行为背后的 7 大心理武器。该书中文简体字版已由湛庐引进，由北京联合出版公司于 2021 年出版。——编者注

09

以“周期思维”破解“线性思维”

认知陷阱 VS. 破解之道

线性思维	周期思维
幸福且只幸福了 1 000 天的火鸡	做投资， 不妨培养一点摆钟意识

认知陷阱 9：线性思维
幸福且只幸福了 1 000 天的火鸡

2007 年 1 月 9 日，乔布斯在旧金山莫斯康展览中心举起第一代 iPhone，他说“今天苹果要重新定义手机”。对此，当时手机行业的绝对王者诺基亚不屑一顾，位于赫尔辛基总部的诺基亚工程师们正在调试 N95 的 200 万像素摄像头。

诺基亚绝对有底气对乔布斯的发明不屑一顾。1996—2011 年，诺基亚连续 15 年保持全球手机销量第一的地位，其市场份额在 2007 年达到了 40.14% 的峰值，是当时排名第二的三星和第三的摩托罗拉的市场份额总和的约 1.6 倍。

2007 年 iPhone 发布后，诺基亚 12 位高管中仅 2 人认为其构成了威胁，其余 10 人仍沉迷于“塞班系统优化”的线性逻辑中。这种保守氛围导致诺基亚触屏手机开发滞后，N97 发布时已落后 iPhone 1 年多；应用商店建设迟缓，塞班平台仅有 1 万款应用，远少于苹果 App Store 的 40 万款；硬件设计固守物理键盘，忽视触控交互趋势。诺基亚将智能手机简单地理解为“能上网的功能机”，前 CEO 约玛·奥利拉（Jorma Ollila）在回忆录中坦言，公司“在季度销售预测中迷失，未能正视智能手机的颠覆性”。

诺基亚就这样完美地错过了智能机时代，利润从 2007 年的 67 亿欧元一路降至亏损。2013 年，微软以 70 亿美元宣布收购诺基亚的手机业务。要知道，诺基亚在 2000 年的市值曾高达 2 500 亿美元。

2014 年 4 月 26 日，诺基亚手机总部大楼正式换上了“Microsoft”的标志。一代手机王者黯然落幕。

奥利拉在记者招待会上公布同意微软收购时说：“我们并没有做错什么，但不知为什么我们输了。”

塔勒布在《反脆弱》中讲的一个经典小故事可以回答奥利拉的疑问。这个故事说，一只火鸡被屠夫喂养了 1 000 天，屠夫非常精心，火鸡非常幸福，它认为自己的生活“平静如水”，未来前景一片光明。直到第 1 001 天感恩节的时候，它被屠夫杀掉并端上了餐桌，“屠夫爱火鸡”的幻想才宣告破灭。

诺基亚和沉迷于幸福幻觉中的火鸡犯了一个同样的错误——线性思维。

这种思维是指人以一种直线的、均匀的、不变的、单一的思维方式看待问题，把一切都看成是随着初始条件的给定而给定的。人类看到的第一只天鹅是白色的，第二只、第三只也是白色的，于是便认为天下所有的天鹅都是白色的。但是这样的“眼见为实”并不可靠，正如塔勒布所总结的：“1 000 天并不能证明你是正确的，但1 天就能证明你是错误的。”[1] 或者如哲学家卡尔·波普所指出的：“不管我们已经观察到多少只白天鹅，也不能证明这样的结论——所有天鹅都是白的。只要看见一只黑天鹅就可以驳倒它。”

三根阳线改变信仰

股票投资中有“三根阳线改变信仰”一说，这正是线性思维的典型表现。本来市场一直处于震荡之中，投资者普遍迷茫；但是由于特定事件或者其他因素的影响，股指连续涨了 3 天，于是人心振奋，纷纷追加仓位，牛市氛围因此而成。记得 2015 年上半年股市持续上涨的时候，股指不断创出新高，但是当时主流的声音不是提示风险，而是类似“站稳 4 000”“突破 6 000”“挑战 10 000”这样的鼓动。后来我们都知道，当年的“疯牛”止于 5 178 点，采取线性思维迷信股指将不断上涨的，尤其是那些加杠杆投入股市的人，轻则“腰斩”，重则倾家荡产。

反过来，“三根阴线改变信仰”也成立。同样是2015年，股指从6月15日最高点5 178点跌落，之后的60个交易日里有17天“千股跌停”，到8月26日跌到当年的最低点2 850点，两个多月的时间里指数跌去了45%。在这个过程中，股民的雄心壮志随着每一次暴跌的发生而被快速消磨，代之而起的是越来越深重的绝望。“10 000点梦已成空，相反1 000点成为可能。”后面我们知道，1 000点并没有成为现实。线性思维放大了牛市中的疯狂，同样也放大了熊市中的绝望。

美国的投资者也同样容易犯线性思维的错误。1999年，美国正处于互联网狂热之中，当年美国出版了3本书：《道指36 000点：在即将到来的股市上升中获利的新战略》《道指40 000点：在历史大牛市中获利的战略》《道指100 000点：现实还是幻想》。这3本书的观点是一致的，都认为如果利率保持低水平，公司盈利保持增长，道琼斯股票价格平均指数将上涨到超过以往任何时候的水平。[2]

1999年12月，在美国股市连续5年至少上涨20%之后，投资者预计未来12个月的股票收益率将达到18.4%。但到2003年3月，在经历了2000年、2001年和2002年的连续亏损后，投资者预计他们的股票在未来12个月里能上涨6.3%就不错了。投资者对历史数据的依赖导致他们对未来的预测完全错误：2000年，股市非但没有上涨18.4%，反而下跌了9%，令人震惊不已；2003年3月之后的12个月里，美国股市的涨幅不是温和的6.3%，而是惊人的35.1%。[3]线性思维的不靠谱可见一斑。

线性思维是我们旧大脑的遗存

人类的大脑为什么如此线性呢？原因在于我们的大脑是在本地化和线性化的环境中进化的。本地化意味着我们的祖先所接触的几乎所有东西都位于步行不到一天的距离之内，线性化则意味着变化的速度特别慢。这在我们的神经上留下了印记，神经科学研究显示，某件事只要连续出现过两次，大脑就会预测它将出现第三次。中国有句老话叫“事不过三”，现在多用于警告他人不要犯三次同样的错误，其实也可以解释为一旦到了三次就会形成习惯或者趋势，所以必须进行遏止。

另外，因为人脑的运算能力有限，我们在处理复杂信息时，倾向于简化关系以降低运算负荷，所以大脑更容易接受直线、均匀、单一因果的线性关系，而非动态、多因素的非线性关系。

在瓦特对蒸汽机进行改良之前，世界的确发展得极其缓慢。一个清朝人如果回到秦朝，生活上肯定不会遇到多少障碍，因为虽然两个朝代隔了 1 000 多年，但在物质层面差距并不是很大。然而，如果让一个现代人回到秦朝生活，那恐怕就要笑话迭出了，不信可以看看电视剧《寻秦记》。斯坦福大学教授伊恩 · 莫里斯（Ian Morris）将公元前 14000 年以来人类摄取能量和使用能量的能力进行了量化，绘制成了社会发展指数曲线图（见图 9–1）。无论东方还是西方，在 1800 年之前曲线都是以极其缓慢的幅度抬升的，但是 1800 年之后，砰的一声，曲线突然变陡，几乎与横轴垂直。由于工业革命，人类文明产生了指数级或者说爆炸式的增长。短短200多年的时间，世界的一切都发生了翻天覆地的变化。[4]

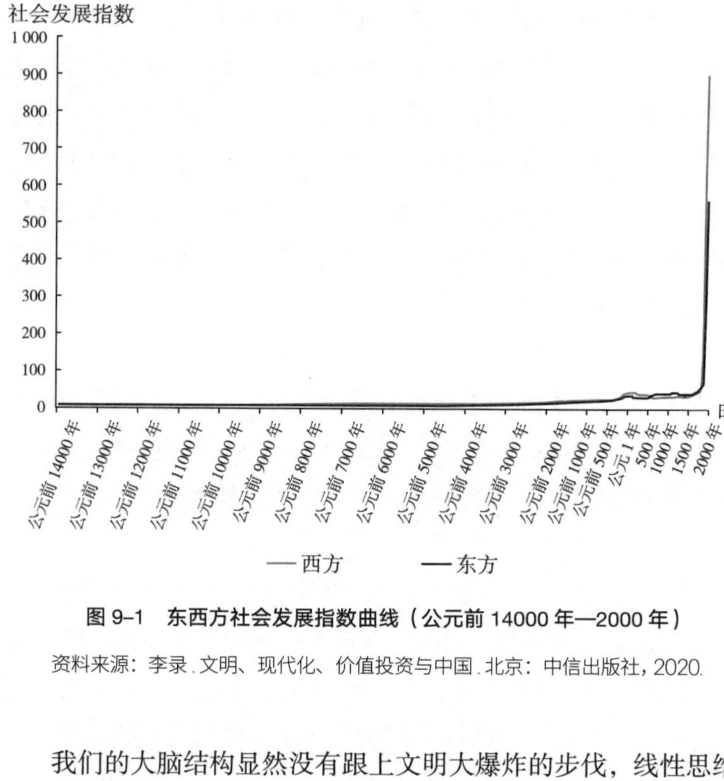

图 9-1　东西方社会发展指数曲线（公元前 14000 年—2000 年）

资料来源：李录. 文明、现代化、价值投资与中国. 北京：中信出版社，2020.

我们的大脑结构显然没有跟上文明大爆炸的步伐，线性思维正是大脑落后于时代的遗存。我们必须警惕这种遗存，不然的话可能会犯下重大的错误。在一个文明爆炸的时代，打败马车的不是马车，而是汽车；打败柯达的不是富士，也不是柯尼卡，而是数码相机；打败诺基亚的不是三星，也不是摩托罗拉，而是智能手机……

马车、柯达、诺基亚都犯了线性思维的错误。

创新大师理查德·福斯特（Richard Foster）认为，今天《财富》500 强企业中至少有 40% 将会在 10 年内消失，取而代之的将是我们现在尚未听说过的新贵。[5] 如果我们不能摆脱看待历史的线性思维，那么我们很可能沦为那只幸福了 1 000 天，也仅仅幸福了 1 000 天的火鸡。

破解之道 9：周期思维
做投资，不妨培养一点摆钟意识

十年一遇的“924”行情

多年以后，回想起 2024 年 9 月 24 日的那场新闻发布会，相信股民们依然会津津乐道。

当天上午 9 点，国务院新闻办公室邀请中国人民银行行长潘功胜、国家金融监督管理总局局长李云泽、中国证券监督管理委员会主席吴清介绍金融支持经济高质量发展有关情况，并答记者问。开盘前，一大早，三位金融监管部门一把手集体现身发布会，这样的安排极为少见。市场从业人士隐隐感觉到将有大事发生。果然，发布会一开始，潘功胜行长就抛出了几个重磅炸弹。

一是降低存款准备金率和政策利率。近期下调存款准备金率 0.5 个百分点，向金融市场提供长期流动性约 1 万亿元；在年内还将视市场流动性的状况，可能择机进一步下调存款准备金率 0.25 ～ 0.5 个百分点。

二是降低存量房贷利率和统一房贷最低首付比例。引导商业银行将存量房贷利率降至新发放贷款利率的附近，预计平均降幅在 0.5 个百分点左右。统一首套房和二套房的房贷最低首付比例，将全国层面的二套房贷款最低首付比例由当前的 25% 下调到 15%。

三是创设新的货币政策工具支持股票市场稳定发展。第一项是创设证券、基金、保险公司互换便利，支持符合条件的证券、基金、保险公司通过资产质押，从中央银行获取流动性，这项政策将大幅提升机构的资金获取能力和股票增持能力。“只要这个事儿做得好，第一期 5 000 亿元，还可以再来 5 000 亿元，甚至可以搞第三个 5 000 亿元，我觉得都是可以的，是开放的。”潘功胜说。第二项是创设股票回购、增持专项再贷款，引导银行向上市公司和主要股东提供贷款，支持回购和增持股票。首期额度是 3 000 亿元，“如果这项工具用得好，可以再来 3 000 亿元，甚至可以再搞第三个 3 000 亿元，都是可以的。”

市场将几项政策解读为“央妈亲自下场”，甚至“国家亲自下场”，股市应声大涨 4.15%，创下了 2020 年 7 月 6 日以来的最大单日涨幅。2024 年 10 月 8 日，更是出现了开盘即大盘指数涨停的奇观。总共 6 个交易日，指数如旱地拔葱，上涨近 1 000 点。

如此超级逆转在 A 股历史上可谓十年一遇。“924”之前，A 股经历了将近 4 年震荡下行，其间经历了疫情冲击、平台经济治理、房地产深度调控、俄乌战争、美联储暴力加息等多重打击，市场信心全无，极度低迷。2024 年 9 月 18 日，上证指数来到 2 689 点的低位。当时市场情绪的主基调是“傻子才炒股”。不仅如此，许多人甚至担心起国家的命运前途，“中国见顶论”“历史的垃圾时间”等说法甚嚣尘上。

然而，“924”之后，一切似乎都变了。时值国庆，网友们甚至开始建议取消长假以免耽误赚钱，到了 10 月 8 日更是变成“不满仓枉为人”。这期间的媒体标题多次出现“今夜无眠”“见证历史”等字样，还要加上 3 个感叹号以表达激动的心情。中信证券的策略报告甚至只用了 1 个字作为标题——“干”。

万物皆周期

“924”行情明白地告诉我们股市的发展不是线性的而是周期的。事实上，万物皆周期。俯瞰天地间，时有春夏秋冬，人有生老病死，月有阴晴圆缺，这些都是周期。《易经》中有句话写得很优美："日中则昃，月盈则食。天地盈虚，与时消息，而况于人乎？"意思是说，太阳到了正午就要偏西，月亮圆了就会开始亏蚀，天地之间盈虚的变化，是随着时势的变化而发生的，更何况是人呢？西方文化中同样蕴含着高度类似的哲学，爱默生说："终即始；黑夜之后必有黎明，大洋之下另有深渊。"

经济中的周期尤为明显。被誉为"周期天王"的周金涛先生有句名言："人生发财靠康波。""康波"是指苏联经济学家尼古拉·D.康德拉季耶夫提出的经济理论。该理论认为，资本主义经济存在50～60年的周期性波动，后人常将其细分为繁荣、衰退、萧条和复苏4个阶段，这是长周期。还有中周期，也就是房地产周期，平均时长为15～25年，与建筑活动的兴衰紧密相关。中周期之下还有短周期，也就是库存周期，它是经济短期波动的体现，通常持续3～4年，反映了企业库存调整与经济需求变化的关系。库存周期包括主动补库、被动补库、主动去库和被动去库4个阶段。

其他周期还有政府调节周期、企业盈利周期、风险态度周期、信贷周期、不良债权周期等。

投资收益也存在周期，投资大师霍华德·马克斯从1970年到2016年经历了47个完整的投资年度，算下来他的年平均收益率为10%。他曾经做过一个有意思的自我设问：这47年里有多少个年份股市的收益率处于"正常水平"加减2%，即处于8%～12%的合理区间之内？

马克斯虽然自己预期这样的年份“不是很多”，但是经过计算，他还是大吃一惊，竟然只有 3 个年度。也就是说，平均每 16 年里才有 1 年股市是正常的！

“股票市场表现符合正常水平绝对不是正常现象，所谓的常态其实是非常态。”马克斯因此得出精彩结论：“股票市场如此大幅度波动，根本不能用企业、行业经济这些基本面变化来解释。股票市场经常大幅度偏离正常收益水平，在很大程度上要归因于投资人的心理和情绪像钟摆一样大幅摆动。”

基本面与心理的互动机制如下：有时候人们感觉良好，积极乐观，预期好事会发生，而且后来情况确实如此，此时，投资者就会变得贪婪，什么都不顾了，心里只想着赚大钱。贪婪让人争抢着去投资买入，结果大家纷纷开出更高的价格，从而导致市场上涨，资产升值。

反过来，有时候投资者感觉不好，预期就变成负面的了。在这种情况下，恐惧主导了投资者的心理和情绪。投资者不再一心只想着赚钱了，而是开始担心会亏钱。这就导致投资者买进的数量减少，原来推动资产价格上涨的动力就会消失，市场涨不动了。后来投资者甚至开始卖出，从而导致资产价格下跌。处于恐慌状态时，投资者的情绪给市场带来了巨大的反向力量，让市场转为熊市。

马克斯根据这个规律总结出股票投资中著名的“钟摆理论”：证券市场的情绪波动类似于钟摆的运动。虽然弧线的中点最能说明钟摆的“平均”位置，但实际上钟摆停留在那里的时间非常短暂。相反，钟摆几乎始终朝着或者背离弧线的端点摆动。但是，摆动到达端点之后，钟摆必定会返回中点。事实上，正是朝向端点的运动本身为回摆提供了动力。[6]

可见，一切周期的背后体现的是人性的周期。正因为投资者的心理和情绪在恐惧和贪婪之间来回摆动，所以市场也在熊市和牛市之间来回波动，不是走到极端就是走向极端。

巧用周期的反转获利

“人事有代谢，往来成古今。”万物运行的周期难以改变。那么了解周期有什么用呢？这个用处大极了！既然事物发展到一定的阶段就会停止并向相反的方向发展，那么我们就可以巧用这个反转，从中获益。运用在股市投资中，便是“高抛低吸”。

马克斯很好地总结了“牛市三阶段”：第一阶段，只有少数特别有洞察力的人相信基本面情况会好转；第二阶段，大多数人都认识到基本面情况确实好转了；第三阶段，每个人都得出结论，基本面情况将变得更好，而且永远只会更好。

反过来则是“熊市三阶段”：第一阶段，只有少数深谋远虑的投资者才能意识到，尽管形势一片大好，市场普遍乐观看涨，但是基本面肯定不会一直顺风顺水；第二阶段，大多数人都认识到基本面正在越变越糟；第三阶段，每个人都相信基本面只会变得越来越糟。[7]

投资要取得成功，就必须成为第一阶段先知先觉的人。“聪明的人最先做，愚蠢的人最后做。”马克斯认为巴菲特的这句话称得上是排名第一的投资名言，它神奇地概括了周期的重要性。

所以，成功的投资者大多是逆向思维的高手，所谓“别人贪婪时我恐惧，别人恐惧时我贪婪”。某位对冲大师说：“凡事总有盛极而衰的时候，大好之后便是大坏。”邓普顿有句流传更广的名言：“行情总在绝望中诞生，在半信半疑中成长，在憧憬中成熟，在希望中毁灭。”

著名经济学家李迅雷先生把牛市的上涨逻辑分为“三级推力”：今天（短期）利好、明天（中期）利好和后天（长期）利好。当市场开始炒作“后天利好”（如“黄金 10 年”）时，基本就见顶了；反之，当市场开始炒作“后天利空”（如“失去的 10 年”）时，基本也见底了。[8]

所以投资要争当第一阶段的引领者，而不做第三阶段的跟风者。而逆向思维之所以有用，正因为股市的运行在中短期内呈现出周期的规律。

失败的投资者又是怎么做的呢？马克斯说：“摆幅越接近最大时，人们越倾向于将之视为永恒状态。”[9]芒格曾犀利地指出：“所有人类对几何级数增长的过度追求，在一个有限的地球上，最终都以惨痛收场。”用大白话说，就是树不能长到天上去。这是常识，但在现实中，当牛市来临的时候，很多人会觉得可以一直涨，涨到 3 000 点时看 5 000 点，涨到 5 000 点时看 10 000 点，总觉得这次是不一样的。“这次不一样”恰恰是金融史上最昂贵的教训之一。这就像某些人看到十五的月亮，就相信月亮永远会是圆的一样，遗憾就是这么酿成的。

具备了周期思维，投资者就不会再盯着眼前的一点小波动，市场每天短线的上涨和下跌就是“芝麻一般的小事”。投资真正需要关注的是周期走到极端的情况，这才是“西瓜一般的大事”。因为当市场走到极端时，逆向行动的成功率最高。所以做投资，不妨培养一点摆钟意识或者月亮意识。

月圆只是一个瞬间，月缺才是常态。但是反过来说，月缺之后总会再圆。所以，古今同赏一明月的场景里，隐含着瞬间与永恒的辩证思想。月亮的变化就如太极图，太极图是一个圆，阴阳两极在其中互相依存、互相包含又互相转化，形成一种“不朽的循环”，生生不息，妙用无穷。

《道德经》有言：“反者道之动。”事物发展的规律总是循环往复。读懂了月亮，也就读懂了人生，读懂了投资。人生应当追求完美，就如欣赏月圆，但也应当懂得月圆则亏，物极必反。

周期不是轮回，而是节奏的变化

不过讨论周期需要警惕一个倾向——陷入宿命论之中，认为一切都是轮回。有一次我与复旦大学哲学系教授王德峰同席，我请教他怎么理解周期。他一句话道破机密，他说：“周期不是轮回，而是节奏的变化。”

的确，如果都是简单的轮回，事情就变得太简单了。比如，如果股市总是从 3 000 点涨到 4 000 点又跌回 3 000 点，那么我只要在 3 000 点买入，4 000 点卖出即可获益。肯定有读者朋友会说，上证指数正是如此！ 2007 年 2 月 26 日，上证指数首次站上 3 000 点，之后经过几轮牛熊变化，到了 2024 年 9 月 26 日依然是 3 000 点，有心者专门统计了一下，这期间“3 000 点保卫战”共发生了 54 次之多。

事实上，过去十几年间，A 股在 3 000 点上下波动，其中不乏潮流涌动。比如，从行业结构的变化上看，2005—2010 年，A 股以金融、地产、资源类周期股为主导，银行、煤炭、钢铁等板块市值占比超 50%，反映出当时经济对基建和重工业的依赖。2011—2015 年，消费升级与互联网崛起推动白酒、家电、电子等板块崛起，创业板注册制改革加速了科技企业上市，医药生物、信息技术市值占比显著提升。2016—2023年，新能源、半导体、光伏等高端制造业成为核心赛道，科创板和北京证券交易所的设立进一步推动创新型企业估值重构，宁德时代、比亚迪等龙头企业市值突破万亿元。这个过程典型地反映了从“传统周期”到“新经济”的权重转移。

从投资者结构的变化来看，2015年前是散户主导的时代，个人投资者占比超80%；2016年之后，公募基金、外资、险资等机构持股比例升至30%以上，显示了机构化和国际化的特征。

可见，指数的周期变动的背后是明显的节奏改变，推动这种改变的既有政策因素，更有科技迭代的力量。正如前文所阐述，正是科技的进步加上市场机制，推动了近代以来人类生产力和经济的无限累进增长。需要格外注意的是，这种增长不是农业时代那种线性的增长，而是指数级的爆发，所以在现代条件下需要用指数思维来代替线性思维，这也是节奏变化的重要内涵。随着人工智能时代的加速到来，可以预见经济和股市的形态还将继续演进。事实上，在美股，英伟达已经代替微软、谷歌、亚马逊等上一代明星公司，成为市值最高的公司。

所以，周期的力量很强大，但是打破周期的力量也很强大。从最底层的逻辑来说，可能是人性中的好奇心、好胜心和对美好事物的向往，激发了人类无穷的创造力，新的科技发明推动了长期的持续进步。同时，人性中的贪婪与恐惧在短期内会造成事物的过度发展，过犹不及，于是周期往复。但是由于前者的存在，周期的中枢被不断抬升，于是产生了螺旋式上升的形态。这类似于生物界的间断平衡发展规律——生物的进化并非缓慢的渐变积累过程，而是长期的稳定（甚至不变）与短暂的剧变交替的过程。也就是说，进化是跳跃与停滞交替出现的状态，并非线性、匀速、渐变的。在 DeepSeek 出现之前，几乎没有人料到中国在大模型方面能够与美国并驾齐驱，但正是过去多年的默默积累成就了其瞬间的爆发。投资的规律也是如此，多数交易日都是平淡无奇的，只有少数的交易日能够创造收益。重阳投资创始人兼首席投资官裘国根先生对此有精妙的概括：“平庸与精彩的交替造就惊人的复合收益率。”

以上是理念层面的讨论，落实到资产配置的操作层面，又当如何把握这种周期与突破的双重变奏呢？许多聪明人试图破解这一谜题。美林时钟就是其中一种很有代表性的尝试。美林时钟理论是美林证券在 2004 年提出的经典资产配置模型，用国内生产总值（GDP）和消费者价格指数（CPI）两大指标划分经济周期，指导投资者在不同阶段调整资产配置。该理论将经济周期分为 4 个阶段。

- 复苏期（经济上行、通胀下行）：企业盈利改善，股票弹性大，跑赢债券和现金。
- 过热期（经济上行、通胀上行）：通胀压力迫使央行加息，债券吸引力下降，股票仍有配置价值，大宗商品开始走牛。
- 滞胀期（经济下行、通胀上行）：现金收益率最高，股票因盈利下滑表现差，债券相对收益提升。

- 衰退期（经济下行、通胀下行）：货币政策宽松，债券表现最佳，股票吸引力逐渐增强。

这种粗略的划分有一定的参考价值，但是现实中由于政策、突发事件的影响，或者有些国家的消费者价格指数对经济真实需求的反映不够灵敏等因素的干扰，这种划分并非总是适用，会出现资产轮动的跳跃，甚至逆时针转动的现象。

重阳实践：重阳时钟

参考美林时钟理论，重阳投资针对市场风格的特点，提炼出了“重阳时钟”。

经过 20 多年的 A 股投资经验积累，重阳投资逐步发展出一套判断市场风格的理论框架，为基金经理的投资组合管理提供了相关领域的支持。具体来说，我们将市场风格大体分为 4 类，市场上几乎每只股票都会被贴上相应的风格标签：周期、防御、价值、成长。当然，这种分类不是绝对的，个股的标签也不是单一静态的。

在 4 类风格标签中，周期和防御是一组，代表相关个股表现对经济周期的反馈。周期股往往与经济周期成正相关关系，经济宽松时表现好，反之表现差；防御股则与经济周期的相关性不强，往往在周期下行时表现出很强的抗跌性。价值和成长是一组，代表相关个股所处的不同发展阶段。价值股往往处于成熟期，业绩稳定，市场认可度高；成长股则处于高速成长期，业绩增速快，股价弹性较大。经过长期的市场观察，我们发现，周期股和防御股的决定变量是经济景气度，而价值股和成长股更多地取决于流动性的强弱。因此，我们用横轴代表流动性，纵轴代表经济景气度，就得到了如图 9-2 所示的判断市场风格的 4 个象限。举例说明，右上角的象限代表经济景气度宽松和流动性宽松的宏观组合，这种情况下，周期股和成长股理论上来说是受益的。有了这个分析框架，我们只需要判断经济景气度和流动性这两个变量，就能大体上感受到什么风格的股票可能会受益。

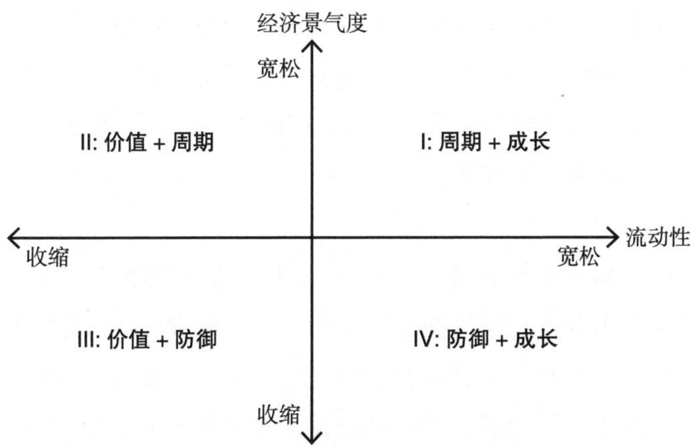

图 9-2 判断市场风格的“重阳时钟”

当然，这个框架只是理论上的推演，在实战中效果如何呢？我们对2018—2020年的市场做一个复盘。2018年，中美贸易冲突开始，经济下行压力大，同时政策面主动去杠杆，流动性收缩，我们处于左下角的象限。这个框架告诉我们，价值股和防御股应该表现较好。回顾2018年，全市场下跌30%左右，以大盘蓝筹股为代表的价值股和以公用事业股为代表的防御股确实比较抗跌，取得了明显的相对收益。2019年，经济依然有较大的下行压力，但流动性问题得到缓解，政策面从主动去杠杆调整为支持实体经济融资。于是我们从框架中的左下角过渡到右下角，理论上看成长股应该会有收益。的确，从2019年开始，以中小股票为代表的成长股取得了明显的相对收益。2020年的情况比较复杂。2020年上半年新冠疫情使经济承受了巨大压力，流动性被迫宽松，而下半年经济出现了快速复苏，流动性相应地边际收紧。所以全年来看，为了应对这种快速变化的宏观环境和不确定性，各行业的优质龙头股出现了“抱团行情”，这本质上是对不确定性的一种防御。因此，从过往复盘情况看，此框架虽然不能完全准确地把握每一轮市场风格，但大体上仍符合市场发展的脉络。

当然，每一个框架都有其适用条件，“重阳时钟”也不例外。当经济景气度和流动性这两个变量变化太快或者变化太慢（钝化）时，这个框架的指导意义就会减弱。比如2021年以后，我们判断宏观经济处于下行阶段，但各种政策的对冲使经济下行压力可控，而且经济内部不同领域之间会形成对冲。另外，流动性环境整体保持宽松，收缩的可能性不大，但进一步宽松也受到美联储货币政策的掣肘，缺乏明确的方向。在这种情况下，两个变量钝化，对市场风格的判断也就相应地模糊了。此时，我们就会回到自下而上的选股层面，以个股的逻辑和业绩作为主要考虑因素。

正是因为周期的内在结构变化多端，所以并没有一种放之四海、放之四时而皆准的策略，还需要因时因地地进行灵活调整。

10

以“概率思维”破解“故事思维”

认知陷阱 VS. 破解之道

故事思维	概率思维
永不散去的荷兰郁金香魅影	价值投资就是做大概率正确的事情

认知陷阱 10：故事思维
永不散去的荷兰郁金香魅影

在几十万年前的地球上，同时存在着至少 7 种不同的人类。有来自欧洲，身材魁梧肌肉发达，适应白雪皑皑环境的尼安德特人；有来自东方的亚洲，存续时间约达 200 万年的直立人；有来自印度尼西亚，身材矮小、体重轻，适应热带生活环境的梭罗人、弗洛里斯人；有来自西伯利亚的丹尼索瓦人；有慢慢进化而成的鲁道夫人；还有唯一留存下来的我们——智人。

智人为什么能够存活下来？以前的解释是智人懂得使用工具和火。但是牛津大学著名历史学家尤瓦尔·赫拉利提出了一个十分新颖的解释。他认为，智人之所以能征服世界，是因为有独特的语言。在距今 7 万年到 3 万年前，智人发明了独特的语言，产生了新的思维和沟通方式，从而引发了一场认知革命。

智人开始用独特的语言“讲故事”。举个例子，不论是人类还是其他动物，都能大喊“小心，有狮子”。但在认知革命以后，智人却能说出“狮子是我们部落的守护神”。又比如你对一只猩猩说：“把你手里的香蕉给我，因为这个善举，死后你将进入猩猩天堂，那里有取之不尽的香蕉。”猩猩肯定不会理你，但是人类会。

赫拉利认为，会不会讲故事对于部落治理来说具有实质性的意义。一个猩猩的部落最多也就能容纳 20 ～ 30 只猩猩，再多就肯定会出现混乱而导致部落分化。

故事也有等级，低等级的故事是“八卦”。赫拉利引用经典社会学研究成果“邓巴数”来解释。邓巴数也被叫作“150 定律”，根据这个定律，如果一个团体只靠个体和个体之间的“八卦”交流来维持，那这个团体的最大规模就是 150 人。只要在这个范围内，你不需要有什么制度规范，单靠人际关系就能维持其正常运作，比如一个小公司、一个小村落等。

一个组织要想跨过 150 人的门槛，就需要更高级的故事了。比如天主教，所有人都相信耶稣受难的故事，因此教徒之间建立起了强大的精神纽带。故事说得成功，便能够调动数以百万计的陌生人通力合作，为了共同的目标而努力。可以说，讲故事是人类拥有的核心元能力之一。“人类和黑猩猩之间真正不同的地方就在于那些虚构的故事，它像胶水一样把千千万万的个人、家庭和群体结合在一起。这种胶水，让我们成了万物的主宰。”[1]

叙事改变历史

故事在某种意义上改变了历史。诺贝尔经济学奖得主罗伯特·希勒（Robert Shiller）在《叙事经济学》一书中记载了许多类似的案例。在希勒的框架中，叙事与故事是同义词。

1907 年，两个投机者操纵铜矿公司股价失败，导致一家信托公司倒闭。这件小事就像一只扇动翅膀的蝴蝶，引发了一场“完美风暴”，这场金融大恐慌是资本主义历史上最严重的金融危机之一。在 1907 年的大恐慌中，有一个影响力格外广泛的故事，是说美国当时最著名的银行家约翰·皮尔庞特·摩根（John Pierpont Morgan）在美国没有设立中央银行的情况下，自掏腰包并说服其他银行家一起出手拯救了银行系统。这可谓现实版的“为国接盘”。这个故事被广为传颂，后来的美联储就是以摩根在 1907 年建立的银行家联盟为蓝本成立的。而自美联储成立以来，每一任主席都化身为摩根，融入这一叙事，尤其是在金融危机中，他们纷纷效仿摩根出手拯救金融系统。[2]

“9·11”事件无疑给美国带来了重大打击。这次恐怖袭击发生在2000年科网泡沫之后的2001年，人们普遍担心经济可能会陷入持续衰退，因为大家都害怕再次发生这样的袭击，于是选择留在家中。

然而结果恰好相反，2001年11月，经济衰退结束，美国经济立即复苏。这次经济衰退成为美国历史上最短的经济衰退之一。希勒认为这与恐怖袭击之后的叙事反转相关。袭击发生两周之后，美国时任总统小布什向航空业雇员和全体国民发表了讲话："我们必须通过重返工作岗位来对抗恐怖主义。这个重要行业中奋战在工作岗位上的每一个人都在明确宣告：恐怖主义不会得逞，这些作恶者吓不倒美国、美国雇员和美国人民……他们发动袭击的时候，是想营造一种恐慌气氛。这场国家战争的一个伟大目标就是恢复公众对航空业的信心。那就是，告诉出行的民众：请登机。"[3]

小布什的策略显然是成功的，他把恐怖袭击描绘成了一场战争并激发了国民的斗志，让国民用勇气战胜了恐惧，推动了经济复苏。

这可能是第二次世界大战时英国首相丘吉尔演讲的翻版，在最艰苦的时刻，丘吉尔发表了第二次世界大战中最精彩的一场讲话。他说："这次战役中，尽管我们失利，但我们决不投降，决不屈服，我们将战斗到底，我们将在法国战斗，我们将在海洋上战斗，我们将充满信心地在空中战斗！我们将不惜任何代价保卫本土，我们将在海滩上战斗！在敌人登陆地点作战！在田野和街头作战！在山区作战！”这样的演讲极大地鼓舞了军队和国民的勇气和信心。

可见，讲故事的能力极大地帮助人类生存下来并推动了历史的发展，它也是一种进化适应。只是，任何事情都有两面，故事也有破坏性的一面。

根据政治学家斯蒂芬·范·埃弗拉（Stephen Van Evera）的研究，第一次世界大战的爆发至少也要部分归因于一条虚假叙事的病毒式传播。被他称为“进攻崇拜”的这则叙事提出了一个理论，即对另一国发起进攻的国家往往有先发制人的优势。这一理论最终导向了局势的不稳定：各方都想先发制人。德国就认为自己有“机会”成功地对俄国发起“先发制人的战争”。在这样的叙事之下，各大国之间展开了规模巨大的军备竞赛。[4]

在股市投资中同样存在许多蛊惑人心的故事。

永不散去的荷兰郁金香魅影

1929 年美国股市崩溃之前流传着一个故事，说约翰·肯尼迪的父亲约瑟夫·肯尼迪在股市中赚了许多钱。有一天他发现自己的鞋子需要擦一擦了，就找来了鞋童，当他坐在椅子上时，鞋童主动给他提了一些建议，告诉他应该买哪些股票。连鞋童都在玩股票，这让约瑟夫·肯尼迪大吃一惊，回家之后赶紧清空了股票，从而躲过了股市大崩溃。

不只是鞋童，各行各业的人都在传播着一夜暴富的故事：有一位经纪人的男仆在股市上赚了将近 25 万美元；一位训练有素的护士按照心存感激的病人提供的秘诀，获得了 3 万美元的收益；有位年轻的银行家拿出为数不多的资产，投资奈尔斯－比门特－庞德公司的股票，过上了富足舒适的生活；有个寡妇从肯尼科特铜业公司获得的收益，足够买一所气派宽敞的乡间别墅；甚至连思想反叛的知识分子也置身其中，他们一边为标准化和批量生产对美国人生活的可怕影响而长吁短叹，一边却在准备收获股市的丰硕成果……[5] 1929 年 10 月 15 日，也就是美股大崩盘前不到两周，耶鲁大学经济学教授欧文·费雪在纽约采购代理商协会发表讲话，表示美国股市已经登上了“永久的高原”。各家报纸在接下来的一段时间里反复报道了这一观点。[6]

1929 年离我们太远了，但只要回顾一下 2007 年和 2015 年中国 A 股的牛市，就会发现情形何其相似。各行各业的人都以炒股为乐，甚至僧人都耐不住寂寞，下水开户炒股。两次牛市中都流传着众多一夜暴富的案例。

有一些故事显得十分隐蔽，比如 2015 年股市疯狂时有人根据国家领导人某次出行时伸出的一根手指而杜撰出“股市要上 10 000 点”这样的隐喻，以对应“改革牛”的愿景。不可思议的是，类似这样的隐喻竟传播得十分广泛。事实上，“改革牛”本身也变成了一个故事，它非常容易调动起股民的集体幻想，似乎勇敢地冲进股市是为改革事业添砖加瓦，殊不知却变成了“接盘侠”。股市有自己的运行规律，它不因个人的美好愿景而改变。

股灾中同样有形形色色的故事推波助澜。1929 年美国股灾中流行的是什么故事呢？自杀的故事。10 月 24 日是股价暴跌的著名“黑色星期四”，当天下午，令人难以置信的流言蜚语就开始四处蔓延：11 个投机商自杀身亡，布法罗和芝加哥交易所已经关闭，军队被调集到纽约证交所外与愤怒的暴徒剑拔弩张。[7] 美国著名历史学家约翰·肯尼斯·加尔布雷思（John Kenneth Galbraith）在《1929 年大崩盘》中专门考据了股灾之后的死亡人数，他的结论是无论在发生崩盘的几个月里还是 1929 年全年，自杀人数都没有急剧增加，但是在大萧条以后的几年里，自杀率有所上升。然而，各种自杀的情形却被大众报刊描述得有鼻子有眼，比如“投资者从高楼窗口往下跳，行人灵巧地在坠楼身亡的金融家尸体之间穿行”之类。[8] 股灾发生的两个月后，路易斯维尔《信使报》（*The Courier Journal*）的一篇报道这样写道：“别对自己开枪！每每看到有人在 50 岁的年纪自杀身亡的消息，我都倍感震惊。”

一位商人的妻子也说道：“我觉得这阵狂热好像不是真实的。大萧条如此真实，以至于显得不真实了。它令人恐惧，有人为之跳窗自杀。”[9]

金融市场中类似的癫狂与覆灭的故事起码可以追溯到近400年前的荷兰"郁金香泡沫"。1637年2月，一株名为"永远的奥古斯都"的郁金香售价高达6 700荷兰盾，这笔钱足以买下阿姆斯特丹运河边的一幢豪宅，而当时荷兰人的平均年收入只有150荷兰盾。

"永远的奥古斯都"，听听这名字就知道郁金香已经被神化了。正如历史学家查尔斯·麦基（Charles Mackay）所描述的："谁都相信，郁金香热将永远持续下去，世界各地的有钱人都会向荷兰发出订单，无论什么样的价格都会有人付账。在受到如此恩惠的荷兰，贫困将一去不复返。无论是贵族、市民、农民，还是工匠、船夫、随从、伙计，甚至是扫烟囱的工人和旧衣店里的老妇，都加入了郁金香的投机。无论处在哪个阶层，人们都将财产变换成现金，投资于这种花卉。"[10]

后来，英国"南海泡沫"中有关南美洲巨大的金银矿藏的故事、法国"密西西比泡沫"中有关贸易特许权的故事、20世纪80年代日本房地产永远上涨的故事、2000年科网泡沫中新经济的故事，包括离我们最近的乐视网的故事等，其实都是荷兰郁金香故事的翻版。荷兰郁金香的魅影每隔若干年就要重临一次人间。

看过股市繁荣与萧条的交替就不难发现，股市某种程度上是被故事或者说叙事推动的，故事和叙事改变着人们的心理预期，心理预期导致了股市的涨跌。《仅仅是昨天》一书的作者弗雷德里克·刘易斯·艾伦（Frederick Lewis Allen）总结得很好："繁荣不仅是经济形势，也是一种心理状态。大牛市不仅是商业周期的顶峰，也是美国民众的思想和情感周期的顶峰。在这个国度，几乎每个人的生活态度都受到大牛市的感染，如今他们也受到希望瞬间破灭的打击。随着大牛市和繁荣时代悄然远去，美国人发现自己的生活环境有所改变，需要新的调整、新的观念、新的思想习惯和新的价值观念。”[11]

故事容易深入人心，许多投资者会被故事所捕获，结果在市场疯狂时被卷入旋涡，又在市场暴跌中被推入悬崖。可见，简单的故事思维要不得。

破解之道 10：概率思维

价值投资就是做大概率正确的事情

在投资实践中，有些顶尖高手可以在故事的世界里如鱼得水。就像某位对冲基金大师所说：“世界经济史是一部基于假象和谎言的连续剧。要获得财富，做法就是认清其假象，投入其中，然后在假象被公众认识之前退出游戏。”通俗地说就是识别泡沫，参与泡沫，然后在泡沫破裂之前离开。

不过这段话本身已经指出了在故事中获利的难处，因为故事真真假假，其中往往掺杂着夸张的成分甚至是谣言，将它概括为“假象”可以说十分精确。《科学》杂志曾发表过一项研究结果，这项研究通过社交媒体数据对比真实故事的传播率与虚假故事的传播率。研究者研究了经由300万人传播的126 000条谣言，发现虚假故事在Twitter上的转发率是真实故事的6倍。在当今这个流量时代，故事的讲述者更是用尽心思，充分挖掘一个事实的矛盾冲突点并进行夸张和极端化，因为只有这样才能在海量的信息流中获得眼球。所以，从某种意义上而言，越是阅读量达“10万+”的文章可能离真相越远。

故事的背后是人性所组成的大众情绪，所以要识别故事的真假就要识别大众情绪。但是正如中国老话所说，“知人知面不知心”，了解一个人的心尚且不易，何况要识别由亿万个体组成的群体情绪。

因为故事或叙事在股市运行中占据重要的地位，所以我们必须重视故事，如果能够识别其发展程度，那么就可以借助逆向思维加以利用。但无论是对冲基金大师还是巴菲特，都是绝顶高手，俗话说“没有金刚钻，不揽瓷器活”，如果你没有高超的技能，那么最好还是老老实实地从基本功做起。

这基本功是什么呢？在价值投资者看来，其中非常重要的一项便是概率思维。

价值投资就是做大概率正确的事情

概率论是研究随机现象数量规律的数学分支，是一门研究事情发生可能性的学问。概率论的起源与赌博问题有关，后来逐步被广泛应用于自然科学、经济学、医学、金融保险甚至人文科学中。概率论是一门博大精深的学问，这里只简单介绍几个在投资中经常涉及的概念。

数学期望值。巴菲特曾指出：“我们所要做的全部就是，将盈利概率乘上可能盈利的数量，减去亏损概率乘上可能亏损的数量。”

投资本质上是对未来的预期以及概率的结合，变成公式就是：$E_a=E_1\times P_1+E_2\times P_2+E_3\times P_3+\cdots\cdots$其中，$E$代表对这项投资的预期回报率，$P$代表这项投资成功的概率。这样便可推算出来预期回报$E_a$是多少。

简单来说，如果投资一只股票有80%的可能性赚钱，股票上涨幅度可能是2美元，那么同时这也意味着有20%的可能亏钱，假设它下挫的幅度是4美元，用预期收益就是1.6美元减去预期亏损的0.8美元就得出0.8美元（$2\times80\%-4\times20\%=0.8$）的数学预期收益。只要这个数学预期收益为正，那么这就是一项值得的投资。不少投资者会被动听的故事所左右，比如，听信传言说某只股票即将迎来重组，一旦成功，股价将翻倍，这当然很诱人，但是他对这件事情发生的概率是多少却一无所知。如果发生的概率只有10%，不发生的概率却有 90%，那么根据公式，这项投资极有可能是失败的。

大数定律。在随机事件的大量重复出现中，往往呈现几乎必然的规律。换句话说，在试验不变的条件下，重复试验多次，随机事件发生的频率近似于它的概率。偶然中包含着某种必然。比如抛硬币游戏，如果抛的次数足够多，那么正面或反面落地的概率会无限接近 50%，这就是“大数定律”。

大数定律是大众传播的敌人。“狗咬人”这一事件很难构成传播，“人咬狗”这一事件才能被传播，因为前者是正常态，后者是极端态。我们喜闻乐见的故事本质上往往属于极端态，但是真实生活中的绝大多数事件都属于符合大数定律的正常态。

可惜有些人总是喜欢活在故事或极端态里，他们格外相信自己的运气，觉得硬币落地的那面一定会有利于自己。实际上，具备最基础的概率思维就知道，每一次抛掷硬币正反两面落地的概率都是 50%。所以在这场游戏中你很难获胜，即使获胜也仅仅是因为运气。真正的理性投资者也会关注极端态，但不会被极端态左右，相反，他们会利用极端态获益，因为极端态会制造波动，比如股市里的千股跌停。但是，所有的极端态最终都会回归到正常态，这个收敛的过程中就有获利的机会。

2025 年 4 月 2 日，特朗普在白宫拿出一块“小黑板”，宣布对所有贸易国家进口商品征收 10% 的“基准关税”，对中国加征 34%

的关税。随着中方的坚决反制，美国将对华关税升至 84%，继而又升至 125%，最后定格在 145%。关税战引发了全球资本市场大幅震荡，风暴于 4 月 7 日传递到 A 股，当天 A 股上证指数跌幅超过 7%，盘中跌停股票数一度达到 3 256 只，创下历史纪录。特朗普就像一只巨大的“黑天鹅”，制造了一场巨大的极端态。后续的发展态势同样十分具有戏剧性。在宣布关税战后，美国市场遭遇股汇债“三杀”局面，最终特朗普不得不妥协，先是对某些特定商品进行了豁免，继而在 5 月 12 日中美双方代表达成《中美日内瓦经贸会谈联合声明》，美国同意取消对中国商品加征的共计 91% 的报复性关税，剩余的 34% 对等关税中 24% 的关税暂停加征 90 天，保留剩余 10% 的关税。虽然关税并未完全取消，但是极端态得到了很大程度上的消除，中美双方回到了正常的博弈轨道上。

回到投资中，如果 4 月 7 日你因关税战而恐惧，杀跌出局，那么就会造成永久的亏损。然而，如果你足够理解大数定律，认识到在中美经贸深入融合的今天，关税战无异于“杀敌一千，自损八百”，它注定无法持续，世界终究要回到它应有的模样，那么你的资产最终将安然无虞。因为在不到一个月的时间里，A 股许多股票都已经收复失地，甚至还创出了新高。如果你敢在 4 月 7 日之后加仓，那么恭喜你，你会获得一波由极端态向正常态收敛而产生的收益。这就是华尔街精英们总结出来的“TACO”（Trump Always Chickens Out）交易的精髓。他们发现，“特朗普总是临阵退缩”，所以在特朗普放狠话的时候加仓，就很有可能赚得盆满钵满。

幸存者偏差。1940 年，在英国和德国的空战中，英国损失了不少轰炸机和飞行员。因此当时英国军部的一大课题，就是研究在轰炸机的哪个部位装上更厚的装甲可以提高飞机的防御能力。当时的英国军方研究了那些从欧洲大陆空战中飞回来的轰炸机。经过统计，飞机上的弹孔主要集中在机身中央，也就是两侧的机翼和尾翼部分。因此研究人员提议，在上述 3 个弹孔最密集的部分加上装甲。这一建议被美国统计研究小组的统计学家亚伯拉罕·沃尔德（Abraham Wald）否决。沃尔德连续写了 8 篇研究报告，指出这些百孔千疮的轰炸机是从战场上成功飞回来的“幸存者”，因此它们机身上的弹孔对于飞机来说算不上致命。但是“死人是不会说话的”，要想救那些轰炸机飞行员的性命，更正确的方法应该是去研究那些被打中并坠毁的轰炸机。经过研究，那些坠落的轰炸机被击中的主要是油箱和发动机的位置。

知道了幸存者偏差，便可以免去很多麻烦，比如不要拿姚明的篮球水平与自己相比。投资也是如此，要时时考察自己买的股票或者基金是不是由某种特殊原因造成的幸存者偏差。

概率思维的终极启示：不过度押注

赌场为什么长盛不衰，赌徒为什么十赌九输？赌徒们不知道，他们并不是输在运气上，而是输在不懂概率上。他们不知道赌场的设计原理背后站着的是一群神一般的数学家：高斯、凯利、伯努利……

来看一个被投资界广泛使用的凯利公式，它被誉为“资金管理神器”，被巴菲特和比尔·格罗斯等投资大佬频繁使用。凯利公式很简单：

$$f^*=(bp-q)/b$$

式中，f^* 为现有资金应进行投注的比例；b 为投注可得的赔率；p 为获胜的概率；q 为失败的概率，即 $1-p$。

用这个公式，你就可以知道在一个赌局当中应当下注的比例。举个例子，扔硬币下注，硬币为正面得 3 元，为反面则输掉 1 元。那么这个赌局的赔率为 3 赔 1（成功时的盈利 3/ 失败时的亏损 1）。同时我们知道硬币抛出正反面的概率都是 50%，所以 p、q 的概率都是 0.5。所以答案 f^* 就是（$bp-q$）$/b$=（$3\times50\%-50\%$）$\div$ 3=33.3%。也就是你应当拿出本金的 33.3% 来下注，才能使赌局收益最大化。如果有 1 000 元本金，那么下注 333 元是最合理的选择。

式中，（$bp-q$）为期望值。当它为负时，你不具备任何优势，自然不应下任何赌注。当它为 0 时，显然也不应下任何赌注。只有当（$bp-q$）为正时，方可以下注。最关键的是，凯利公式告诉我们：除非能够确保 100% 赢，否则任何时候都不应下全部赌注。

过度押注是赌徒们的亏损之源，运用凯利公式可以避免这一点。如果更谨慎一点，还可以使用“半凯利公式”。也就是当凯利公式告诉你使用 20% 资金的时候，你只用 10%。这与投资中安全边际的概念原理相通。价值投资，说到底就是做大概率正确的事情。

当然，关于这一点也是辩证的。巴菲特虽然十分注重安全边际，主张不过度押注，但是当机会来临比如 2008 年金融危机的时候，他也主张“应该用大桶去接，而不是用小小的指环”。这个时候为什么巴菲特敢于下重注呢？因为在那种特殊情况下，股价被大幅错杀，即使重仓押上，也仍然是安全的。

动物界的启发：辨别真信号

绿蛙每年的繁殖期都很短暂。在这个关键时期，雄性绿蛙需要积极捍卫自己的领地，以最大限度地提高自身的繁殖成功率。大体形的雄性绿蛙通过发出比小体形的雄性绿蛙更低频的叫声（在你听来就是“咕呱”声），来宣示它们的身材优势和统治地位。因此，一只雄性绿蛙在进化过程中学会了避开更大更强壮的雄性绿蛙，不会贸然闯入一处充满低频蛙叫声的求偶地。因为在其脑中，低频的叫声就等同于不可战胜的对手。如果你是一只体形不够大的雄性绿蛙，你会怎么做？直接放弃繁殖的权利，孤身来到这世界，然后孤寡地离去？当然不行了！一些体形较小的雄性绿蛙聪明地找到了一种方法来降低其叫声的音调，从而传达出欺骗性的信号，让其他雄性绿蛙误以为它们的体形很大。

这是《我从达尔文那里学到的投资知识》一书中讲述的小故事。该书作者是印度投资家、那烂陀资本的创始人普拉克·普拉萨德（Pulak Prasad），他用这个故事来说明生物界充满了虚假的信号。

到底谁是有实力的“真老虎”？谁又是虚张声势的“纸老虎”？这是一个难题。好在科学家们也找到了辨别的方法。1975年，进化生物学家阿莫茨·扎哈维（Amotz Zahavi）提出了著名的“不利条件原理”。这个理论是说，当产生某一特定特征的成本很高时，这种信号可以定义为“不利条件”，当它无法与另一个质量较低的信号相匹配时，这种高成本的信号便可以被视为“诚实”的信号。

实验发现，雌性美洲家朱雀更愿意与肤色较红的雄性家朱雀共赴爱河，无论这种红色是通过自然摄食还是人工染料得来的。红色的肌肤来自类胡萝卜素的作用，有这种颜色肌肤的雄性家朱雀一般意味着伙食较好，摄入了较多的胡萝卜素，而且代谢能力更强。但是为了获得雌性家朱雀的青睐，雄性家朱雀的代价也很大，最可怕的就是死亡风险增加，因为深红的颜色不光吸引了雌性家朱雀，对敌人也同样更具吸引力。蓝色图丽鱼更有可能杀死类胡萝卜素更丰富的孔雀鱼。孔雀鱼不惜以身犯险来换取更多的繁衍机会，足以证明它们的进化优势——它们比肤色浅的同类更健康，真是“艺高鱼胆大”。

引申到投资的世界，一个重要的工作便是辨别信号的真伪，可以说这项工作是投资的前提。那么哪些信号属于真信号呢？是新闻报道，与高管面对面对话，还是盈利预测？在普拉萨德眼里，这些虽然不能一概斥之为假信号，但都是廉价的信号。他认为，企业经营表现和财务业绩的历史数据才是高成本的真信号。他在书中写道，企业能够给出的诚实的信号，不是“我们明年的利润率将达到15%”，而是“我们在过去10年中的平均利润率是12%”；不是“我们将在接下来的2年内产生稳健的自由现金流”，而是“我们在过去10年中只有1年产生了自由现金流”；不是“我们明年将推出6款新产品”，而是“回顾最近几年的经营状况，我们平均每2年推出一款产品”。

这个办法可以说深得巴菲特价值投资的精髓，巴菲特也十分在意历史数据。为了投资可口可乐，巴菲特阅读了可口可乐从上市开始的每一年的年报。要知道，可口可乐1919年就上市了，而巴菲特从1988年开始购买可口可乐的股票，也就意味着他阅读了整整70年的可口可乐年报！至于具体用什么数据指标，巴菲特更看重净资产收益率（ROE），而普拉萨德更看重已动用资本回报率（ROCE）。他们更看重的指标虽有所差别，但都注重从企业基本面的长期视角来评判企业的经营状况。

除了概率思维，普拉萨德从生物学领域想出来的这个办法同样是拆穿虚假故事的妙招。

重阳实践：全概率接力法

作为国内老牌的价值投资私募机构，重阳投资也是概率思维的深度践行者。

重阳投资创始人、首席投资官裘国根曾概括，成功投资的前提是深入地进行“全概率”的基本面分析。“理性投资有 3 个层次：概率思维、算期望值和防黑天鹅。”裘国根说，概率思维是理性投资中最初级的层次。长期来看，较高的投资期望值源自“知行合一的数学思维”和“良好的基本面判断能力”的结合。

在个股选择中，重阳投资会选择收益率数学期望值最大的标的。举个例子，假设针对股票 A 未来有 3 个情景模式，每个情景模式都有一个相应的概率和不同的预期收益率。将这 3 种情景下的收益率和概率的乘积求和就得到了股票 A 的期望收益率。用同样的方法计算出其他股票的期望收益率，最后再放在一起进行比较。在重阳投资内部，投资标的被分成了以下 4 种类型。

1. 成功概率很高、成功后收益率中等，失败概率很低、失败后亏损率很低。
2. 成功概率很低、成功后收益率很高，失败概率很高、失败后亏损率很高。
3. 成功概率中等、成功后收益率很高，失败概率中等、失败后亏损率很低。

4. 成功概率很高、成功后收益率很高，失败概率很低、失败后亏损率很低。

“重阳做投资，进入组合的股票肯定是第一、第三、第四类的机会，如果发现了第四类机会，那就要重仓出击，两个脚往上站。”裘国根说。投确定性更大的标的，并长期坚持下去，胜率自然就高，绝对收益就高。

通过比较期望值确定投资标的后，持有多久卖出呢？重阳投资提出了“价值投资接力法”，即投资标的达到预期收益后不再简单机械地长期持有，而是通过“接力”的方式换成另一个安全边际更大的投资标的。

巴菲特价值投资的思路是买入并持有，然后伴随公司共同成长。而重阳投资认为，在一个高度信息化的时代，市场有效性越来越强，把价值投资简单地理解成长期投资是一个误区，接力法更符合 A 股市场特点。裘国根说：“重阳投资不简单梦想在一只股票上赚 8 倍，但通过‘接力’的方式先后在 3 只股票上赚 1 倍，同样可以达到赚 8 倍的效果，而且后者容易得多，现实得多，流动性也好得多。”[12]

重阳投资要赚的是上半场的钱，而不是下半场的钱，尤其不赚最后一部分的钱。这一理念的背后，有对收益率的考虑，更多的是对风险的考虑。上半场和下半场的收益率即使是一样的，但风险肯定不一样。如果长期坚持“赚上半场的钱”，那么收益率一样的情况下，波动率就更小。概率思维贯穿重阳投资实践的始终。

11

以“风险思维”破解“黑天鹅”

认知陷阱 VS. 破解之道

认知陷阱	破解之道
均值回归是对称的	均值回归是不对称的
天之道， 损有余而补不足	我们的大脑必须习惯于 对尾部风险说“不”

认知陷阱 11：均值回归是对称的

天之道，损有余而补不足

在我们的生活中，对称性现象随处可见。蝴蝶、蜻蜓、鸭子这些动物的身形是对称的；人造的书本、杯子、手机、房子也基本是对称的；自然界中的日升月落、斗转星移是对称的；我们用来感知世界的双眼、双耳、双手也是对称的……

动物界的对称性可能蕴含着某种进化机制。化石证据表明，双侧对称早在 5 亿年前就已经在生物身上形成了。科学家们提出了很多关于双侧对称优势的假设，比如这种对称性可以使动物在有目的和有意的方向上有效地运动，转向食物来源或有利环境，远离危险。双边合作可促进改善感觉器官（如眼睛和耳朵）的功能，这有助于对称性身体进行需要注意力集中的运动。

另一个流行的假设是对称性的进化有助于择偶。对鸟类和昆虫的实验表明，雌性更喜欢与拥有更具对称性装饰的雄性交配。例如，雌孔雀更喜欢尾巴长而对称的雄孔雀，雌家燕则更喜欢尾巴长而对称的雄家燕。

所以，对称性是一种进化适应，或许是由于这种“出厂设置”，对称后来变成了人类特别喜爱的一种美学形式。中国人似乎对对称美学格外痴迷。

看看中国的建筑，无论是宫殿、庙宇、亭台、楼阁、园林无不显示着对称之美。如果不相信，不妨去看看故宫，它绝对是对称美学的典范。整个紫禁城沿着中轴线均匀有序地分布着殿堂、牌坊。再看细节，无论是飞檐翘角还是房间内的纹饰，无处不传递着对对称的钟爱。建筑大师梁思成就曾说过：“无论东方、西方，再没有一个民族对中轴对称线如此钟爱与恪守。”

对称性也是物理学的核心概念之一。物理学的许多规律、定律、方程、模型都是存在对称性的：远到经典物理学的动量定理，近到爱因斯坦的广义相对论；大到万有引力定律，小到粒子的运动。可以说正是因为物理存在对称性，所以物理学中的很多模型、规律、定律、方程才成立。

数学中也充满了对称性，比如著名的正态分布。正态分布又称高斯分布，是统计学中最重要的一种概率分布，它描述的是某件事出现不同结果的概率分布情况，属于一般规律。正态分布的概率密度函数曲线呈钟形，因此人们又经常称之为钟形曲线。钟形曲线的特点是：两头低，中间高，左右对称，曲线与横轴间的面积总和等于 1（见图 11-1）。

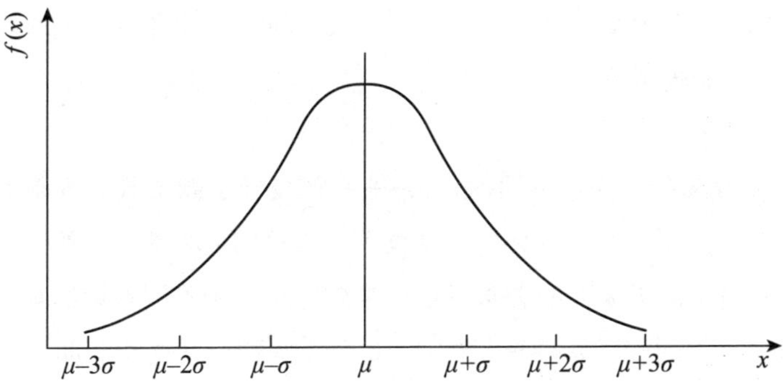

图 11-1　正态分布曲线

注：μ 代表期望，σ 代表标准差。

以身高为例，假设抽样调查某个学校 100 名 18 岁男大学生的身高，身高的均值为 172.70 厘米，图形会显示中等身高的人比较多，而特别高的和特别矮的人比较少。偶然出现一个姚明那样身高的人并不会改变统计结果，除非出现一群姚明。

除了男女身高，人的寿命、血压、考试成绩等，都服从正态分布。可以说，正态分布是自然界典型的形态。

“富不过三代”与均值回归

为什么要讲对称性和正态分布？因为由它们衍生出来的另外一个重要概念与股票投资有关，那就是“均值回归”。均值回归是由达尔文的表兄弟弗朗西斯·高尔顿发现的。它以正态分布假设为基础，认为事物在长期的变化过程中，总有向“平衡位置”（或均值位置）靠拢的倾向。

大约在 1875 年，高尔顿用一种香豌豆种子做实验。香豌豆坚硬而多产，而且不宜杂交。每个豆荚中豌豆的大小基本一致。在称量和测量了成千上万的香豌豆后，高尔顿将 7 种不同重量的香豌豆送给了 9 位朋友，每种重量的送 10 个样本豌豆。这 9 个朋友遍及不列颠群岛，其中也包括达尔文。高尔顿告诉朋友们要认真按照特定的条件种植这些豌豆。

经过大量艰辛的实验，高尔顿发现，母香豌豆的后代都呈现出正态分布特征，同时母香豌豆的直径变化范围比子香豌豆直径变化范围要大很多。母香豌豆平均直径为 4.572 毫米，其变化范围为 3.810 ～ 5.334 毫米，或者说是在平均值 4.572 毫米两侧各 0.762 毫米之内。子香豌豆的平均直径为 4.140 毫米，其变化范围是 3.912 ～ 4.394 毫米，或者说是仅在平均值4.140毫米上下各约0.254毫米范围内变动。也就是说子香豌豆直径的分布比母香豌豆直径的分布更为紧凑。另外，最大的母香豌豆孵育出来的子香豌豆平均直径要小于母香豌豆，而最小的母香豌豆孵育出来的子香豌豆平均直径要大于母香豌豆。

这就是均值回归的来源，高尔顿写道：“回归是理想后代的平均类型偏离其父辈的倾向，并且大概要回归到被称为父辈的平均类型中去。”这种回归在自然界是非常必要的。因为如果这种回归的进程不存在的话，那么，大的香豌豆会繁殖出更大的香豌豆，小的香豌豆会繁殖出更小的香豌豆……如果这样，这个世界就会两极分化，只有侏儒和巨人。大自然会使每一代的香豌豆变得越来越畸形，最终达到我们无法接受的极端。

有趣的是，高尔顿还发现，人类的命运在某种程度上跟香豌豆的规律差不多。

他做了个统计，在杰出人物的儿子中，仅有 36% 的人仍旧是杰出人物，更糟糕的是，在其孙子辈中，仅有 9% 的人还称得上是杰出的。这正印证了孟子所说的“君子之泽五世而斩”。网络上流传着不少这样的帖子，说父母是名校的“学霸”，其子女却是“学渣”，父母为此感到十分无奈。其实，如果懂得了均值回归的道理，父母或许也就释然了。

高尔顿写道：“这个法则（均值回归）是公平的：不论是好的方面还是坏的方面，在遗传时都会有所减少。如果这个法则使那些奢望天才的后代会全部继承父辈才华的人大失所望，它也同时使某些害怕其子女会继承他们缺陷和疾病的人不再万分恐惧。”[1] 这便应了老子说的那句经典名言：“天之道，损有余而补不足。”

新手死于追高，老手死于抄底

均值回归的理论后来被带到了股票市场，它揭示了股票涨多了会跌，跌多了会涨的规律。第10章中讲到的股票市场中的周期便是均值回归的反映。

但是，需要注意的是股市中的均值回归并不像自然界那么精准无误。股市急速上涨了800点之后或许会发生回调，但是它的调整幅度并不一定是800点，股市的上涨和下跌并非完全对称的。在《圣经》中，约瑟对法老王预言7个富年后必是7个荒年，从大的原理上来说，这个预言是成立的，但是7个富年后，到底是7个荒年，还是3个荒年，又或者是9个荒年，就不得而知了。

如果股市的周期是对称的，那投资将变得太容易，在股价跌到均值以下的时候买入就能确保赚钱了。但是正如股谚所云，“新手死于追高，老手死于抄底”，股价的均值本身是个变化的数字，盲目抄底是个十分危险的操作。

连被誉为华尔街最杰出股票作手的利弗莫尔也曾因为抄底而大败亏输。1929年美国股市大崩溃，到1932年7月时，股指跌得只剩原来的11%。由于跌幅实在太大，反弹的速度也非常迅猛。在之后的42天中，道琼斯工业指数反弹了93%。利弗莫尔判断市场已经见底，于是在反弹顶部大举做多。事后看来，这一次反弹是一次经典的“死猫反弹”（Dead Cat Bounce）。此后美股从1932年9月到1933年2月，又跌了40%。利弗莫尔承受了巨大损失，1934年，他宣告破产，欠下了500万美元的债务。

在股市中，均值终将回归，但是关键在于时间，如果你没有足够的实力或者耐心等到回归的那一天，悲剧也同样难以避免。投资史上著名的老虎基金在1998年8月全盛时期管理的资产多达220亿美元，是当时规模最大的对冲基金，其创始人朱利安·罗伯逊（Julian Robertson）因此被人们推为华尔街最具影响力的人物。也是在那一年，股市进入了科网泡沫之中，科技股一飞冲天，坚持价值投资的罗伯逊按照自己的标准买入了大量的“旧经济”股份，而这些股份由于市场资金流入“新经济”股而持续大跌，如他持有逾22%股权的美国航空，在12个月内失去近五成的市值。另外，他利用杠杆卖空没有盈利的科技股，先后沽空了两大热门股票——朗讯科技和美光科技，却遭遇重大损失。

2000年第一季度，由于亏损严重，投资者共撤走了77亿美元，给了老虎基金最致命的一击。然而也就是在2000年3月，科网泡沫开始松动，随后破灭。均值终于回归，但是老虎基金已经无力回天。

世界分为两个，一个是物理世界，另一个是非物理世界。说世界是对称的并不错，但是需要将其限定在物理世界。物理系统是高度可预测的，可以近乎精确地重复成千上万次相同的动作，物理系统通常处于完美的均衡状态。如果放到非物理世界，比如经济、金融、股市当中，这个命题就不一定成立了。股票市场虽有它的周期性，然而它的周期不像物理世界那样是对称的，相反，它是非对称的。如果要类比的话，股市更像生物系统，它经常表现出非均衡的特征，一些微小的变动有时会引发很大的变化，而一些较大的变化可能仅仅产生微小的反应。

换句话说，金融市场更像达尔文的世界而不是牛顿的世界。投资既要重视市场周期和均值回归，同时也要当心这种非对称性。

遗憾的是，人类的大脑天生不擅长理解非对称性，比如对于毕加索的画，我们就不善于理解，因为他的画把人的五官位置都进行了重新排列，打破了原先的对称性。相比于艺术品，人类活动中还有更多抽象的非对称性，它们给我们有限的理解力带来了巨大的挑战。

破解之道 11：均值回归是不对称的

我们的大脑必须习惯于对尾部风险说“不”

100 多年前，意大利经济学家、社会学家帕累托提出了著名的

“二八定律”。它的大意是：在任何特定群体中，重要的因子通常只占少数，而不重要的因子则占多数，因此，只要能控制具有重要性的少数因子即能控制全局。

二八定律最早被发现于土地方面。在意大利，有 20% 的人拥有 80% 的土地，而这 20% 的人中的 20%（总人口的 4%）又拥有其中约 80% 的土地（土地总量的 64%）。分化进一步继续，最后，我们可以看到，不到 1% 的人口拥有 50% 的土地。

塔勒布非常重视二八定律这一类不均衡的分布，他将具有这种特点的事物命名为“极端斯坦”世界，与之相对应的是“平均斯坦”世界。[2]

在极端斯坦世界，还有些什么特异的事情呢？塔勒布在他的“不确定性系列四部曲”① 中提到过很多。比如，99% 的互联网流量是由不到 1% 的网站创造的，99% 的图书销量是由不到 1% 的作者贡献的。在任何一个群体中，只要有 3% ～ 4% 永不妥协的少数派，他们就会全身心地投入风险共担，捍卫自己的切身利益（有时候甚至拿灵魂来捍卫），最终，整个群体的人都会服从少数派的偏好和选择。比如，美国的犹太人比例不足 3%，但是由于犹太人在经济和政治上的影响，美国超市几乎所有的饮料都印有符合犹太教教规

① 指塔勒布关于“不确定性”的四部著作：《随机漫步的傻瓜》《黑天鹅》《反脆弱》《非对称风险》。

的“U”字标志。美国对花生过敏的人不超过1%，但这导致了美国飞机和学校从不提供花生或者花生酱。一个家庭里，只要有一个老人或者孩子不能吃辣，那么这家的饮食就注定避免吃辣，而其他吃辣的人也会潜移默化地改变饮食习惯。乘客在登飞机前要进行安检，其目的是看他们是否携带了武器；他们只有极小的概率是恐怖分子，但是所有人都必须接受安检，这同样是一种非对称性。[3]

如果说在平均斯坦世界，我们受到集体事件、常规事件、已知事件和已预测到事件的统治，那么在极端斯坦世界，我们受到的则是单个事件、意外事件、未知事件和未预测到事件的统治。

“黑天鹅”事件是极端斯坦世界中的极端。什么是“黑天鹅”？塔勒布总结其有三大特征：第一，它具有意外性，即它在通常的预期之外，也就是在过去没有任何能够确定它发生的可能性的证据；第二，它会产生极端影响；第三，虽然它具有意外性，但人的本性促使我们在事后为它的发生编造理由，并且使它变得可解释和可预测。简言之，“黑天鹅”具有稀有性、极大的冲击性和事后（而不是事前）可预测性这三大特点。[4]

现实生活中，我们见过哪些重大的“黑天鹅”事件呢？最近的一次无疑是新冠疫情的全球大流行，再往前比如英国公投脱欧、汶川大地震、“9·11”事件、苏联解体等。这些事情少有人能够预料，但每一件都惊心动魄并深刻影响了社会和历史。

财富世界“黑天鹅”

不巧的是，财富世界恰好处在极端斯坦甚至“黑天鹅”的世界当中。我们不可能在几天时间内把自己吃成一个大胖子或者从一个胖子变成瘦子，但是我们的财富可能会在短短的几天内翻倍，或者在一夜之间清零。

在投资的世界，财富向上和向下两个维度都可能呈现出某种不均衡甚至极端的特征。不妨回顾一下在本书第 1 章中我们介绍过的，股市创富的空间不仅不是时时打开的，而且可能是昙花一现的，也就是说少数几个交易日创造了大部分的收益。复利同样是非对称性的，它越到后面越呈现出加速的态势，所以才会出现巴菲特 96% 的财富在 60 岁后获得的现象。

不妨再列一组数据。2007 年 5 月，美盛资产管理公司的首席策略分析师迈克尔·莫布森[①]做了一个研究，他收集了标准普尔 500 指数 30 年来每日的价格变化，共有 7 300 个观察数据。30 年间指数复合年收益率为 9.5%。如果去掉 50 个业绩最坏的交易日（不到样本总数的 0.7%），年复合收益率达到 18.2%，比历史平均

① 迈克尔·莫布森（Michael Mauboussin），美国圣塔菲研究所成员、哥伦比亚商学院教授。其著作《反直觉》提出了 8 个聪明人常犯的决策错误，并给出了 8 个应对方法及 7 个改变决策的行动建议。该书中文简体字版已由湛庐引进，由浙江教育出版社于 2021 年出版。——编者注

水平高了 8.7%。如果去掉业绩最好的 50 个交易日，年复合收益率将大幅降低至 1% 以下，比历史平均水平低了近 9%。[5] 财富创造过程的不均衡性一目了然。

还记得德鲁肯米勒的经典投资故事吗？ 1992 年，经济不景气的英国需要英镑贬值以刺激出口，发展经济。碍于当时欧洲的汇率体系，英国请求德国政府将马克贬值，但德国当时经济发展良好，并且正着力于重建东德，所以两次拒绝了英国的请求。

英镑对马克的比价不断下跌，从 2.95 跌至 2.85，又从 2.85 跌至 2.80。德鲁肯米勒这样的投机大鳄看到英镑的下跌趋势，做好了伏击的准备。

1992 年 9 月 13 日，意大利里拉突然贬值 7%。2 天后，德鲁肯米勒等待的时机到了，他决定大量做空英镑。英镑对马克的比价一路下跌至 2.80，虽有消息说英格兰银行购入 30 亿英镑，但仍未能挡住英镑的跌势。到傍晚收市时，英镑对马克的比价差不多已跌至欧洲汇率体系规定的下限。英镑已处于退出欧洲汇率体系的边缘。9 月 16 日收市时，英镑对马克的比价下跌至 2.70，英国政府决定退出欧洲汇率体系。9 月 17 日，英镑继续下跌，最后稳定在 2.65。

英国人把 1992 年 9 月 16 日，即英镑退出欧洲汇率体系的日子称作“黑色星期三”。德鲁肯米勒所在的公司却是这场袭击英镑的行动中最大的赢家，被称为“击垮了英格兰银行的人”。他们从英镑空头交易中获利近 10 亿美元，在英国、法国和德国的利率期货上的多头以及意大利里拉上的空头交易使他们的总利润高达 20 亿美元。德鲁肯米勒一战成名。

德鲁肯米勒代表的是财富创造的极端，而在财富破灭的过程中同样有不少极端的案例。在第 1 章中我们介绍过长期资本的故事，他们用两年的时间就震惊了华尔街，创下了所有季度实现高额正收益的神话，然而仅仅 1998 年一年就陷入了破产的边缘。财富向下的跌落比向上的过程更为惊心动魄。

最新的典型案例是，2021 年 3 月，华尔街对冲基金猛人比尔·黄（Bill Huang）旗下的家族基金 Archego 由于同时遭遇几只重仓中概股的暴跌，被券商强行平仓，150 亿美元的本金悉数亏光。仅 3 月 26 日当天，比尔的亏损金额就达到 100 亿美元，创造了史上单个投资者最大亏损纪录。

此前，比尔利用“高杠杆”模式，硬是将 2 亿美元自有基金做到了 2021 年年初的 150 亿美元。尤其是 2020 年下半年，比尔重仓中概股和部分美股，股价都涨了好几倍，个人身价暴涨。这 150 亿美元的个人财富，大部分应该都是在过去一年内赚到的。

成也杠杆，败也杠杆。这像极了塔勒布笔下火鸡的故事，1 000 天的幸福毁于第 1 001 天的不幸。

要想投资成功，你首先得活着

“黑天鹅”的存在使投资的过程变得惊心动魄，投资必须正视“黑天鹅”。

在前文，我引用过重阳投资创始人、首席投资官裘国根的观点：“理性投资有3个层次：概率思维、算期望值和防黑天鹅。”其中，概率思维是理性投资中最初级的层次。最高层次“防黑天鹅”则依赖天分和勤勉而产生的灵感，但灵感是忽隐忽现的，所以“黑天鹅”总是防不胜防。“黑天鹅”事件的发生概率虽然是万分之一甚至更小，但鉴于其发生后果的严重性，从全概率的角度考虑也应该给予高度重视，尽管在理论上“黑天鹅”事件是无法系统性地预防的。

那么具体应该怎么做呢？塔勒布的秘诀是采用“杠铃策略”。这个策略的特点是不在中间（中庸）地带下注，而在两端下注，一端是极度安全（保守），另一端是极高风险（激进）。[6]

不论在个人生活上还是投资上，塔勒布都是杠铃策略的践行者。他不像许多跑步爱好者那样每天跑5公里或10公里，而是会进行长时间的散步，然后突然以警察追劫匪的速度猛跑一小段。他不会天天举重，但是偶尔会在酒店测试一下举重的极限。他可以长时间不睡觉，然后大睡一觉。他会连续几顿不吃饭，然后在喜爱的餐厅里大吃一顿。2014年，塔勒布曾到重阳投资进行过一次演讲交流，我恰好负责接待他，亲眼见证了他的杠铃饮食策略。他从下飞机到第二天下午演讲之间忽略了三顿饭，直到演讲完毕，第四顿饭他才开始大快朵颐。塔勒布说，在这种看上去不健康的生活方式持续了两年半之后，他发现自己的诸项身体指标都有了显著的改善：过多的脂肪消失了，血压恢复了正常，思维也更加清楚敏捷，等等。[7]

在投资上，塔勒布的杠铃策略是这样的：将七至九成的资金存银行（在不考虑通胀的情况下极度保守），将一至三成的资金多次小量地押注在极高风险同时可能有极高收益的投资上（极度激进）。

看塔勒布的行为方式，总让人想起浏览短视频时经常看到的一句话：“动作有危险，请勿轻易模仿。”对于许多人来说，爆发式的跑步、举重、饮食极有可能闪了腰或者伤了肠胃。

“没有金刚钻，不揽瓷器活。”如果没有塔勒布或德鲁肯米勒这样“东邪式”的绝活，投资也可以选择一种厚重稳健的类似于郭靖“降龙十八掌式”的打法。

价值投资的一些核心理念正是这样的打法。关注基本面、安全边际、长期主义、逆向思维等能够确保我们做大概率是正确的选择，最终赢得投资长跑的胜利。

事实上，塔勒布和德鲁肯米勒也不是赌博式的冒险主义者，他们的一些操作虽然在多数人看来属于高难度，但对于他们来说却有相当高的胜算。塔勒布曾说过，那些在风险行业中生存下来的投资人，都懂得这样一条广为人知的原则，那就是“要想投资成功，你首先得活着”。“我自己的版本是‘如果一条河的平均深度为 4 英尺①，就千万不要过河’。我自己在生活中尽量保持对风险事件后果的敬畏，因为爆仓不仅会让人前功尽弃，而且会让人永远出局。”[8]这与巴菲特和芒格的理念如出一辙。塔勒布个性鲜明，文风辛辣，经常讽刺专家、记者等群体，但是他对巴菲特却一直褒奖有加。

“巴菲特建立了一个非常严格的筛选体系，只有通过筛选的项目他才进行投资。他曾经说过，成功人士和真正的成功人士之间的区别就是后者几乎对所有投资机会说‘不’。”塔勒布说，他的观点与巴菲特类似，“我们的大脑必须习惯于对尾部风险说‘不’。许多方法都可以赚钱，且完全不必触发尾部风险。同样，许多方法可以拯救世界，完全不必使用那种会导致系统脆弱性和未知风险的复杂方法。”[9]在风险思维这一点上，投资大师们拥有惊人的一致性。

如果追本溯源，格雷厄姆的安全边际原则要求以远低于企业内在价值的价格购买股票，其定量方式可以商榷，但是这一定性原则永远都不会过时。

事实上，安全边际这一概念本身就包含着投资的本质。在格雷

① 1 英尺 ≈0.305 米。——编者注

厄姆看来，投资是一种“承诺本金安全和回报率令人满意”的操作。虽然这种承诺并不是指合约上的绝对保证，但它是投资人应当追求的目标。如果没有这种意愿和决心，如果毫无风险意识，那么投资也就无从谈起。

向雄蜂学投资

前文说过投资更像生物系统而不是物理系统，那么关于风险意识，生物学能否给投资一些启发呢？答案是肯定的。

雄蜂是由未受精卵发育而成的蜜蜂，长度通常不超过2.5厘米。雄蜂约有 300 个品种，已经在地球上生存了大约 3 000 万年，它的天敌是蟹蛛和鸟类。科学家用人造花卉搭建了一个花园，并在里面放了一些机器蟹蛛，其中一部分被藏了起来，另一部分则暴露在外。每当雄蜂被安置在机器蟹蛛的花朵上时，蟹蛛就会用它的泡沫钳子将其“抓住”，几秒钟后再放掉。科学家发现，雄蜂很快就开始犯“错误”：即便没有蟹蛛，它们也会避着花朵走，觅食效率因而明显降低。实验的结论是，在野外，这种以挨饿为代价来躲避危险的本能必定在该物种数百万年的生存演化过程中发挥过重要作用。

《我从达尔文那里学到的投资知识》一书的作者普拉萨德将错误进行了分类：一是做了不该做的事，二是该做的事没有做。换个说法可能更好理解，第一种错误是冒进式的错误，第二种错误属于过度保守型的错误。这两种错误的风险是成反比的。降低第一种错误的风险，通常会使第二种错误的风险增加，反之亦然。所以进化的游戏似乎是在这两种错误之间寻找某个最优解。虽然第二种错误有时候也会使某个物种付出沉重的代价，但相比而言，第一种错误通常更为致命，有时候会导致整个物种的灭绝。

所以达尔文进化论的一个重要启示是：尽量少犯第一种冒进式的错误以减少个体受伤或死亡的风险，学会容忍第二种错误的发生或放弃潜在收益。引申到投资上，“我做了一笔很糟糕的投资，因为我错误地认为这会是一笔好投资”属于第一种错误；“我拒绝了一笔好投资，因为我错误地认为它是一笔很糟糕的投资”则属于第二种错误。换个说法，第一种错误类似于因为过度乐观而采取冒进策略，比如动用高杠杆去追逐某类热门资产。第二种错误则类似于因为过度保守而错失了某类资产的丰厚回报。在投资中，这两种错误都十分容易犯，但是从结果倒推，那些投资界的常胜将军宁愿犯第二种错误，也要努力避免第一种错误。

巴菲特和芒格也经常错过很好的投资机会，有时候他们也会懊悔。比如，芒格就说过，错过谷歌是一个巨大的失误，他还为此调侃自己：“我们只是坐在那里吮吸我们的拇指。我们感到很惭愧。”但是这种错误并不影响巴菲特和芒格的成功。普拉萨德的投资理念很像巴菲特，他也承认自己会错失特斯拉这样的股票，但是他并没有患得患失。他说：“因为平均而言，避免犯第一种错误，从长远角度来看，是会产生奇迹的。”

鉴于财富的实现和失去具有明显的非对称性，财富长盈之道的终极秘诀或许就是一方面以长期主义的态度静待“复利之花”绽放，另一方面则以“不赌”的心态保持对不确定性的敬畏，同时也要给自己留一条最重要的“逃生通道”。《道德经》中说“为之于未有，治之于未乱”，同样也是这个道理。

12

以“财富善念”破解“德不配财”

认知陷阱 VS. 破解之道

认知陷阱	破解之道
德不配财	**财富是对善的激励**
交易程序与生活程序紧密相连	正直的行为能够带来好处，是因为它们是好的

认知陷阱 12：德不配财

交易程序与生活程序紧密相连

1940 年 11 月，利弗莫尔在纽约第五大道和中央公园路拐角的榭丽尼圣酒店的更衣室里开枪自杀。他在临终遗言中写道：“我的一生是失败的。”

利弗莫尔是华尔街历史上最传奇的股票作手，被公众认为能够预知未来股票价格的具有超自然能力的人。他 14 岁时辍学，到波士顿的潘恩 · 韦伯证券经纪公司当了一名擦写股价黑板的小弟。在这里，他展现出了对数字的惊人天赋，15 岁时就靠对赌股票短期走势赚了 1 000 美元，这对于一个孩子来说是个天文数字，为此他获得了“抢钱小子”的外号。

1907 年，因做空美股，他大赚 300 万美元。当时，负责维护市场稳定的金融巨子摩根派人央求他不要再做空，他感觉自己“那一刻就像国王”。

1919 年，威尔逊总统邀请他到白宫，请他平仓棉花期货以救国急。1929 年，美股大崩盘时，他倾所有资金放空股票，大赚 1 亿美元，要知道当年美国联邦政府的财政收入也仅为 37 亿美元。

利弗莫尔以其精湛的投机手法赢得了“华尔街巨熊”“华尔街投机之王”等称号，拥趸无数。有人将他的名字翻译成“李佛魔”，倒也贴切。

然而，就是这样一位天才，却以自杀的形式悲惨谢幕，原因何在？上文已经提到过，利弗莫尔通过做空成功赚取 1 亿美元。不过很快美股就迎来了大崩溃，当道琼斯工业指数终于在 1932 年 7 月见底时，股指跌得只剩下原来的 11%。后来利弗莫尔因为过早抄底承受了巨大损失，1934 年，他宣告破产，欠下了 500 万美元的债务。

事实上，此前的利弗莫尔曾经经历过多次破产，每一次他都能起死回生，这一次他却一蹶不振。美国新成立的证券交易委员会加强了对股市的监管，修改了卖空的规则，新的规则限制让利弗莫尔不再如鱼得水。然而，更致命的是利弗莫尔个人生活的崩溃。

交易程序与生活程序紧密相连

利弗莫尔虽然失败了，但在他的身后仍然有众多的拥趸，因为在交易上他的确是个天才，他的交易哲学至今仍影响着一代又一代的交易者。而且利弗莫尔也是一个善于反思的人，他早年就总结过自己投资失败的原因：第一，没有耐心等待时机的到来，缺乏等待（关键点）的意志力；第二，没有遵循良好的投机程序，导致判断失误。

可惜利弗莫尔只反思了交易纪律，而没有反思生活纪律。利弗莫尔的个人生活十分奢靡，在感情上也很放纵，在世界各地的别墅中养有情人。而恰恰是感情生活，最终成了压垮利弗莫尔的最后一根稻草。

利弗莫尔经历过三次婚姻，育有两个孩子。1932 年，利弗莫尔与第二任妻子多萝西因感情破裂而离婚。为了报复长期在外寻花问柳的利弗莫尔，多萝西在离婚的当天就与新晋情人结婚。多萝西保留了两个儿子的监护权，并得到了 1 000 万美元的和解费以及一套价值 350 万美元的别墅豪宅。已经习惯了奢靡生活的多萝西不久后便陷入财务危机，她将那套豪宅以 22 万多美元的极低价格贱卖了出去，利弗莫尔闻讯后沮丧不已。多萝西酗酒成性，一次酒醉后她与大儿子利弗莫尔二世发生争执，并向对方开了一枪。大儿子虽然保住了性命，却落下了终身残疾。这更加重了利弗莫尔的精神困顿。

1933 年 3 月 28 日，56 岁的利弗莫尔和 38 岁的歌手、社交名流哈丽雅特在伊利诺伊州日内瓦结婚。利弗莫尔是哈丽雅特的第五任丈夫。她的前夫中至少有两位是自杀身亡的，其中一位叫沃伦·诺布尔，在 1929 年华尔街股灾后上吊自尽。

史料证明，在生命的最后几年，利弗莫尔的精神世界可以说是彻底崩塌了。1933 年，也就是最后一次宣布破产的前一年，利弗莫尔曾在一次长达 26 小时的狂欢滥饮之后，被抓进警察局。他告诉警察，他失去了记忆。

自杀是精神崩塌的结果。令人唏嘘的是，利弗莫尔的大儿子利弗莫尔二世也在 1975 年自杀身亡，他的孙子也死于自杀。利弗莫尔家族三代都陷入了悲剧的死循环。[1]

利弗莫尔曾经为自己的生活方式辩解："我亏钱是因为我错了，而不是因为我放荡不羁或是过度享乐。"但其实，交易程序与生活程序紧密相连，缺乏情感的约束和生活上的自我约束，哪怕悟透了交易的本质，也无法避免他自己所说的"丧失了平衡感"，从而由巨大的成功走向巨大的失败。

巴菲特曾说过，一个在小事上无法节制的人，往往在大事上也无法自我控制。利弗莫尔的投资人生最终败于投资之外，正是因为他没有明白这个道理。

财富就像海水一样，你喝得越多，就会变得越渴

利弗莫尔固然拥有过巨大的财富以及生活中的极大快乐，但他的内心却并不幸福。贫穷的人很难幸福，必要的财富是获取幸福人生的前提条件，但是各种调查显示，当基本的生活需求得到满足之后，金钱对于幸福的边际效用就开始下降了。1957 年，美国人的年均收入约为 1 万美元，生活中没有洗碗机、烘干机、电视或空调，但是 35% 的受访者表示，他们对自己的生活很满意。到 2004 年，扣除通货膨胀因素，个人收入增长了近 2 倍，一般住宅里充斥着各种消费品，但只有 34% 的人说他们非常幸福。[2]

突然获得巨额财富甚至还常常成为人生幸福的大敌。检索国内外那些彩票获得头奖的人，他们真实的人生经历经常让人唏嘘。面对“天上掉下的馅饼”，他们往往会选择大肆挥霍，或纵情声色，或经不住别人的诱惑盲目投资。最后不仅血本无归，钱财散尽，还往往弄得妻离子散，甚至有的人最终自杀身亡。美国国家经济研究局的一项调查显示，近 20 年来，欧美的大多数头奖得主在中奖后不到 5 年内，就因挥霍无度等变得穷困潦倒。该项调查同时显示，美国彩票中奖者的破产率每年高达 75%，也就是每年 12 名中奖者当中就有 9 名破产。[3]

如果人不具备健康的财富观，那么很可能会应了哲学家叔本华的诅咒：“财富就像海水一样，你喝得越多，就会变得越渴。”通过前面 11 个章节的内容，我们已经知道进化机制赋予了我们许多认

知和心性的错配症候，比如贪婪、急于求成等，它们阻碍着我们建立健康的财富观。

德不配财，反遭其害。

破解之道 12：财富是对善的激励
正直的行为能够带来好处，是因为它们是好的

巴菲特和芒格不仅是财富的赢家，同时也是道德的楷模。

被视为芒格传人的李录先生记载过他和芒格之间的一个故事。从 2005 年、2006 年开始，李录先生因为偶然的原因发现了信用违约互换（credit default swap，CDS）这个产品，做了一些研究，也一度准备大规模进入，想通过 CDS 做空。后来在和芒格的几次谈话之后，他逐渐打消了这个念头。芒格反对的原因很简单，如果李录先生的分析是正确的，那就意味着最终要么承接这些产品的交易对方，即那些大的金融公司可能因为破产而不能兑现，要么这些大的金融机构被政府通过纳税人的钱救活了，但这时李录先生赚的钱其实也是纳税人、政府的钱，于心并不踏实。

芒格为什么反对李录先生赚这个钱？因为在芒格看来，赚钱固然重要，但是所赚之钱的来源也同样重要。这很像我们中国儒家所讲的“君子有所为而有所不为”。

芒格不是空口说说，他自己也是这么践行的。有一次芒格收购一家企业，当时有两位老太太持有该企业发行的债券，芒格本来很容易以远低于面值的价格收购这些债券，他却按照面值给了她们钱。还有一次芒格的一位合伙人想要把他们合资成立的公司的一半股权卖给芒格，他让朋友开个价，朋友说 13 万美元，芒格说不行，23 万美元才对，而且真给了他那么多钱。这位朋友后来评论说，在股票交易所占价格低廉的股票便宜是一回事，但是占合伙人或者老太太便宜是另外一回事——这是芒格绝对不会做的事。

要得到你想要的某样东西，最可靠的方法是让你自己配得上它

做投资不就是为了赚钱吗？为什么需要这么高的道德标准？其实道德上的高标准是与价值投资的内核相关联的。李录先生曾说价值投资是一种正道。什么是正道？正道就是可持续的东西。什么东西可持续？可持续的东西具有一个共同的特点，就是你得到的东西在所有其他人看来，都是你应得的东西，这就可持续了。芒格有句很经典的话：“要得到你想要的某样东西，最可靠的方法是让你自

己配得上它。”他把这个原则用到了找配偶方面：“如何才能找到一个优秀的配偶？最好的方式就是让自己配得上她 / 他，因为优秀的配偶都不是傻瓜。”芒格和巴菲特都是抱着找配偶的心态在找股票的。巴菲特说过：“你买一家公司的股票，就要与这个股票结婚，而不是一夜情，随便找个人约会，厌烦了就换新的。”你在寻找一只好股票，可能好股票也在寻找它的好主人，这个主人不仅才华出众，而且拥有正确的价值观。

这是可持续的第一层意思。

引申一下可以得到可持续的第二层意思，芒格和巴菲特在对待人际关系时都力争做到双赢甚至多赢。商业似乎总是与唯利是图相联系，其实不然。亚当·斯密在《国富论》里揭示了市场机制的秘密，那就是人性的自私和利己主义可以推动人们多产出，从而增加社会的总体福利。但是《国富论》里展现了斯密一半的理论，他还有一本书是《道德情操论》，其中指出了同情心和利他的重要性。《道德情操论》是斯密的第一部著作，也是他辞世前最后定版的一部著作，其间经历 5 次修订，可见斯密对该书的珍视程度。只有将《国富论》和《道德情操论》合在一起阅读，方能真正理解斯密的学说，也才能全面理解市场经济的精髓。换句话说，没有利他、同情、诚信这些道德要素的支撑，市场经济不仅是无法正常运转的，而且将滑向不择手段、唯利是图的无底深渊。其实，越是自由市场经济，越是需要这些要素的支撑，因为自由市场经济，更加依赖人与人之间发自内心的自觉。

与投资结合得更紧密一点，价值投资之所以是一条能够持续的正道，正是因为它能够实现参与方之间的多赢。根据价值投资之父格雷厄姆的经典定义，价值投资并不是持有一张股票凭证，而是购买一家企业的部分所有权。以这种方式理解股票就会与炒股心态全然不同，炒股的话听听概念、听听消息就可以炒，但是只有当你把自己当作股票背后这个生意的一部分持有人时，你才会去认真研究这家企业是否真的有价值。这是一个发现价值的过程。然后通过你的投资行为，帮助企业创造了新的价值，这是一个价值创造的过程。在价值发现和价值创造的基础之上，你分得了红利或者卖出股票，这是一个价值兑现的过程。价值投资通过投资行为，一方面帮助了好企业，进而促进了经济发展，另一方面也帮助自己从中获益。这样一个过程才是多方共赢的过程，它与你输我赢的投机炒作或“割韭菜”行为有着本质的不同，后者是一种零和博弈，即“我的所得就是你的所失”，这样的事情自然难以持续。

价值投资是一种以善意看待世界的方式

李录先生说，与芒格交往的那些年，常常会忘记他是一个美国人，他更接近于中国的传统士大夫。芒格自己也讲过他非常推崇孔子。

读芒格和巴菲特时，我经常想起孔子的一个“仁”字。“仁”

字可以说是孔子学说的最重要内核之一。但是到底什么是“仁”，有各种解释。孔子自己在不同的场合也有过不同的表达。比如，子贡问“仁”，他说：“夫仁者，己欲立而立人，己欲达而达人。”(《论语·雍也》)颜渊问“仁”，他说:“克己复礼为仁。”(《论语·颜渊》)樊迟问“仁”，孔子答：“爱人。”(《论语·颜渊》)

南怀瑾先生对“仁”做过一个生动的解释，他用的是拆字法，说仁字左边是单人旁，表示人，右边是个二，合起来就是“两个人”。这个拆字法很有助于理解“仁”的精神，它点明了这是关于人际关系处理的学问——人际关系处理得恰当就是“仁”。但要做到这一点非常难，首先它要求自己的行为要得当，这就是“克己复礼”。其次要有同情关爱之心，这是“仁者爱人”。最好还能够换位思考，用积极的表达来说是“己欲立而立人，己欲达而达人”，用消极的表达来说是“己所不欲，勿施于人”(《论语·卫灵公》)。“己所不欲，勿施于人”这一条在西方评价很高，被评为道德黄金律，基督教里有类似的表述，只是用的是肯定式：“你希望别人如何对待自己，那就如何对待别人。”

儒家关于“仁”的表述非常好，非常适合解释价值投资的精神内核。价值投资的精神内核就是一个将“仁”的精神由己及人，又由人及物的过程，这个“物”就是你所投资的标的。所以价值投资不仅仅是一门关于赚钱的技艺，还是一门关于心性的学问。这里的心性不仅是指心理学，还指价值观和信念。如果用一句话来表述，那就是“价值投资是一种以善意看待世界的方式，或者说财富是对善的激励”。

坚持“仁”可以带来回报。巴菲特、芒格之所以成功，一方面固然是因为技艺超群，另一方面他们的人格修为也起了很大的作用。他们不仅富有，而且长寿。中国传统讲“仁者寿”，不无道理。当然，更难能可贵的是，芒格和巴菲特在精神层面的坚守甚至超越了实用主义的层面。芒格很喜欢美国钢铁公司董事长埃尔伯特·H.加里（Elbert H. Gary）的一句话：“正直的行为是好的，并不是因为它们能够带来好处；它们能够带来好处，是因为它们是好的。”

《道德经》说:“上善若水。水善利万物而不争，处众人之所恶，故几于道。”意思是说，最高的善像水那样，因为水使万物得到它们的利益，而不跟它们争，水专门往低处流，哪怕低洼之处满是污秽、肮脏之物，它们也能包容，并将它们冲刷干净，所以水最接近于道。真正的价值投资犹如水之道。

“善”还有一种解释：热爱是“善”。著名投资家乔尔·格林布拉特（Joel Greenblatt）曾说过：“在我的学生里，投资做得最好的，是那些真正热爱投资的。我给各位一个忠告：别带着赚钱的目的来做投资。”这句话乍一听有点奇怪，投资不就是为了赚钱吗？但细想就会发现它很有道理，没有热爱是不可能真正做好一件事情的，投资也是一样。这也正是巴菲特的成功之道，他说：“你早上从床上坐起，是因为你期待这一天。我在60年中都是跳着踢踏舞去工作的，就是因为我做我喜欢做的，我感觉非常幸运。”一件事情凭毅力或许可以坚持 1 年或者 10 年，但是如果干了 60 年还没想到退休，那一定不是因为毅力，而是因为热爱。

利弗莫尔不懂幸福学

巴菲特和芒格还拥有十分幸福的人生。早年的巴菲特因为太专注于工作，忽略了妻子的感受，导致妻子离他而去，但是即使离了婚，巴菲特与前妻仍然保持良好的关系，这应该说难能可贵。芒格的家庭生活很美满，他养育了 8 个子女，加上孙辈可谓子孙满堂。芒格经常运用餐桌这个“讲坛”对子女进行价值观教育。他最喜欢的教育工具是德育故事，讲的是某个人面临道德难题，并做出了正确的选择；还有反面教材，讲的是某个人做出了错误的选择，最终遭遇一系列不可避免的灾难，生活和事业都损失惨重。

芒格一定深知幸福之道。哈佛大学曾经做过一项漫长的研究：纵观一个人的一生，到底是什么让一个人保持健康和快乐？这项研究从 1938 年开始，历时 75 年，研究人员跟踪了 724 位男性的一生，记录他们的工作、家庭、健康状况，观察他们的人生走向。这些男性分为两组：一组是哈佛大学的学生；另一组是来自波士顿贫民区的孩子，他们家庭贫困，都住在廉价公寓里。

参加这个研究项目时，他们接受了面试与体检。研究人员挨家挨户拜访了他们的家庭。每两年，研究人员会请他们再做一套关于个人生活的调查问卷，还会继续采访他们的家庭，尤其是他们的妻子和孩子，并向医生拿他们的病历，为他们做体检。

后来，这些年轻人长大了，成了工人、律师、砖瓦匠、医生，甚至还出了一位总统，这个人就是大名鼎鼎的约翰·肯尼迪。有人成了酒鬼，有人患上了精神分裂，有人从社会最底层平步青云，也有人从富裕到一贫如洗，总之他们的人生完全不同。

这项研究的最终结论是，决定我们人生是否幸福的，不是钱，也不是名利、工作，而是良好的人际关系。和谐的人际关系，能让我们更加幸福和快乐。可惜，利弗莫尔只懂得交易，不懂得幸福学，最终将自己的交易也毁了。

结　语

投资需要“四颗心”

结 语 投资需要“四颗心”

《财富是认知的变现》第 1 版出版 4 年以来，承蒙读者喜欢，我收到了许多有益的反馈。我经常被问到的一个问题是：12 个认知误区和 12 个认知武器很有系统性，奈何太多了，记不住，能不能进一步压缩，比如挑选其中最重要的三四个认知武器？如果有，会是哪几个？

这是一个好问题，它推动我进一步思考。经过仔细推敲，我觉得是时候回答这个问题了。借本书修订的机会，我正好以结语的形式与读者朋友们分享。

我先给出答案：确实存在最重要的 4 个认知武器，它们是长期思维、独立思维、风险思维和股权思维，对应到心法，便是耐心、疑心、小心和初心。

耐心：长期思维

长期思维本质上是关于如何看待时间的。芒格说："如果既能理解复利的威力，又能理解获得复利的艰难，就等于抓住了理解许多事情的精髓。"通过巴菲特和芒格等人的故事，我们已经知道了复利的威力，但是对于获取复利的艰难，很少有人能够透彻领悟。在我看来，获取复利起码要扫除 4 大"拦路虎"。

第一，复利积累的过程十分容易中断。这也被芒格视为复利的第一条原则："除非万不得已，永远不要打断这个过程。"

可惜在投资或生活中，我们时常遭遇各种"万不得已"。不妨回想一下，你是不是也经历过这些情况。比如打定了主意，这次一定不再进进出出，坚决要做长期投资，持有某个仓位不放松，但是没过多久，由于一些迫切性的事件（突发疾病就医、偿还债务、孩子教育开支、国外旅行等）而不得不降仓或者清仓，复利的过程也就由此中断了。所以，无法获取复利不一定是因为投资水平不高，很有可能是因为资金规划不当。"短钱长投"是获取复利的大忌。

第二，复利积累的前期十分具有迷惑性，成效也十分缓慢，慢到很容易让人放弃。即使没有任何意外因素让你不得不中断复利的积累，你仍然很难坚持，因为复利积累的早期阶段效果很不明显。

我们知道，巴菲特 96% 的财富是在 60 岁之后取得的，他在 60 岁之前的财富增长并不显著。

这正是复利积累早期的迷惑性所在，它像极了竹子的生长——竹子用了 4 年的时间仅仅长了 3 厘米，但从第 5 年开始以每天 30 厘米的速度疯狂生长，仅仅用 6 周的时间就能长到 15 米。本书第 3 章介绍过澳大利亚兔之灾的故事，为什么澳大利亚人会放任兔子的繁衍不管呢？正是因为在很长的时间段里，兔子的数量并没有增长到让人担心的程度。在 24 只兔子放归自然的 20 年内，澳大利亚广袤的土地上仍难觅兔影，甚至 45 年后，干旱区每平方公里土地上的兔子也依然不足两只。[1]

其实，学习和成长的过程也是如此，“十年窗下无人问，一举成名天下知”。突破和绽放的时刻是夺目且令人愉悦的，然而，在突破和绽放之前，许多人长时间在暗夜里摸索，这会让人望而生畏，能坚持下来的寥寥无几。

第三，我们的大脑天生不善于理解“尾事件”（Tail Event）。尾事件指的是发生概率很小的事件，或者说那些远离典型或平均情况的事件。虽然发生概率较小，但尾事件的影响很大，往往会成为决定事件走向和结果的关键节点。

比如，巴菲特一生中持有过 400 ～ 500 只股票，而收益中的大部分来自其中的 10 只。芒格说：“如果去掉几笔顶级投资，公司的长期业绩表现其实相当普通。”

少数几个事件决定了事情的结果，可惜人类的大脑并不善于理解这样的现象。认知由进化而来，而在进化的原初条件下，人类的生存环境是十分线性化和本地化的，或者换句话说是缺乏变化和跳跃性的，这就造成了我们对“尾事件”或者说常态之外事件的理解障碍。

可见，复利的获得取决于尾事件发生之前的默默坚持和尾事件发生时的满满收获。可惜我们既不善于坚持，也不善于理解尾事件。或者说，正因为我们不善于理解尾事件，所以我们不善于坚持。

第四，复利的积累需要忍受波动。与竹子的生长相比，股市的生态更为复杂，在平静与突破之间还伴随着无尽的波动。人天生不喜欢波动，因为波动会带来痛苦。然而在金融市场中，波动却是无法避免的。不仅无法避免，波动还是获取收益所必须付出的代价。

有数据统计，算上股息，道琼斯工业指数1950—2019年的平均回报率约为11%。这是一个相当不错的回报率，但是其背后的“代价”也同样“相当不错”，因为该指数在这个时间区间内的绝大多数时间的回报率比此前历史最高点至少低5%。换句话说，多数时间指数都在波动当中。[2]

可见，要想获取复利的确如芒格所说十分艰难，每一个拦路虎都不容易扫除。如果说复利是时间给予我们命运的馈赠，那么其背后也暗藏了对价。对价便是要透彻理解时间的特性，忍受其带来的波动，而这一切的前提是耐心，耐心，还是耐心！

疑心：独立思维

在经典作品《大癫狂》一书中，作者查尔斯·麦基记录了一个有趣的故事。1761 年，伦敦发生了两次中等规模的地震，时间恰好相隔一个月。这一巧合使得一个名叫贝尔的士兵坚信，一个月后的同一天将发生第三次规模更大的地震，于是他便开始散布自己的预言：4 月 5 日，伦敦将毁于一旦。起初，没有几个人相信他。但相信他预言的人却开始采取预防措施，把家人和财产转移到周边的村庄。看到有人逃亡，其他人也相继效仿。在接下来的一个星期里，人们一拨一拨地出逃，引发了近乎恐慌的一场大规模疏散。大量伦敦人涌入周边的村庄，花天价争抢住所。按麦基的说法，在惊慌失措的人群里，有不少一个星期前还在嘲笑这一预言的人，但当他们看到别人这样做时，也收拾好行装，慌张出逃。4 月 5 日，地震并未如期而至，逃亡的市民们回到伦敦城里，对误导自己的贝尔异常愤怒，可是市民们并不能挽回什么，因为他们认为贝尔只不过是一个精神失常的疯子。

本书第 8 章已经剖析过从众效应的来源和它的危害。这个小故事则可以让我们对从众效应发生的条件有更深刻的理解。罗伯特·西奥迪尼发现，从众效应在以下 3 种情况下的影响力最强。

第一种情况是事件发生的环境具有不确定性。比如在上述故事中，由于当时的科学水平还十分有限，人们对地震的形成机制还缺乏足够的了解，地震是否会发生这件事情具有高度不确定性，所以人们便容易盲从地相信他人。

第二种情况是“人多”。如果人们看到很多人在做某事，往往就会效仿他人。1761 年的伦敦人口在百万以上，当逃亡的人数越来越多的时候，就形成了“信息瀑布效应”——信息越往下，水量越大，所承受的冲击力越强。越处于信息的下游，上游的信息就越难抵抗，个体很难不受到裹挟。有句话很好地形容了这种现象:“如果一个人说你长了尾巴，你会笑那个人说蠢话；可要是有三个人都这么说，你会忍不住摸摸自己的屁股。”

第三种情况是在事件发生时，权威性人物的存在。在伦敦大逃亡事件中，士兵贝尔扮演了这样一个角色，尽管他只是一个假权威，但是在情急之下，人们无暇分辨其中真伪，导致了盲信的结果。

对照一下不难发现，股市非常符合这 3 种情况：股市的运行具有极大的不确定性，我们唯一能够确定的就是它会波动；股市的风险无处不在，没有人知道下一次风险会从何而来；股市参与人数极多，2023 年 A 股投资者数量正式突破了 2.38 亿大关；股市中有许多成功的投资者、专家学者以及股评家，他们构成了股市的权威性存在。看看这 3 种情况，我们便不难理解为什么股市投资中充满了从众效应。

从众效应是导致我们在投资中追涨杀跌的重要认知误区之一，我们能够做的是尽量以独立思维来化解。如今我们既然已经知道了从众效应发挥作用的 3 种情况或者说土壤，那不妨来个釜底抽薪。关于第一种情况，我们似乎没有什么办法，即使我们再努力也无法消除股市的不确定性。关于第二种情况，我们似乎也无法改变，但是我们可以通过推翻那些明显伪造的社会证据来斩断信息瀑布。伦敦大逃亡事件中，民众的逃跑行为就是明显伪造的社会证据，因为其行为并没有什么科学依据。关于第三种情况，权威服从，我们必须睁大眼睛，看清楚他是真权威还是假权威，士兵贝尔显然是个假权威。即使是真权威，我们也最好不要盲从。尤其在投资这种具有高度复杂性的事件中更应当具有独立思维，因为市场每天都有新情况发生，经验的可重复性远不如数理化或工程学这些硬科学，所以哪怕是真权威也同样不免会判断失误。

读书有疑，尽信书不如无书。投资更当有疑，正如重阳投资创始人兼首席投资官裘国根先生所言：“在研究和投资中要养成‘疑’

的习惯，不要轻易相信第三方的信息和结论，不怕‘错疑’。”

小心：风险思维

2023 年，有一部现象级电视剧《繁花》热映，电视剧塑造了一位魅力十足的上海传奇商人和投资人——宝总（胡歌饰演）。宝总前期投资顺风顺水，最后却以“惨胜”收场。

宝总的惨胜源于他的铤而走险。在与深圳资本强慕杰的对抗中，宝总的资金实力处于弱势，获胜的欲望让他选择了加杠杆。他的自有资金只有 3 000 万元，向宁波老板和林太各借 3 000 万元，西国投根据他的自有资金 1∶1 配资 3 000 万元，加起来是 1.2 亿元。宝总以为胜券在握，没想到强慕杰釜底抽薪，使用手段让宁波老板和林太撤了资，然后一路砸盘，股价一路下跌，一直跌到配资盘的平仓线。这意味着如果股价继续下跌，宝总的资金将被强制平仓，宝总的资产将一夜归零，宝总也将变成还没有发迹时的阿宝。就在平仓前的千钧一发之际，上海本地神秘资金组织麒麟会出于自身利益的考虑出手相救，条件便是宝总交出所有股票筹码。

宝总逃脱了被平仓的命运，在电视剧中被塑造成了浓墨重彩的一幕：当所有人都认为宝总在劫难逃时，宝总算无遗策，一直等到最后一分钟来自麒麟会元老的电话响起，并与麒麟会僵持至最后一秒。当大家都以为谈判要破裂的时候，剧情反转，麒麟会决定出资救助宝总。宝总绝地反击，强慕杰猝然崩溃。但是宝总也付出了代价，因为他失去了所有股票筹码。虽然他获得了浦东的一块土地作为补偿，但是从职业投资人的角度来说，他依然输了，因为他失去了身份，所以这是一场“惨胜”。

宝总的传奇作为电视剧看看可以，但千万不要把他当作你的行动指南。在现实的投资中，因为大幅加杠杆而被平仓出局的人比比皆是，所以最好把宝总的故事当作警示来看。

中国有句话说“小心驶得万年船”，但是正如本书所述，人类具有过度乐观、急于求成、线性思维等认知缺陷，它们都会让我们变得容易盲动甚至喜欢冒险。尤其是前期的事业顺风顺水之际，人们最容易把乐观情绪进行线性外推，以为未来同样会无往而不利。可惜，风险往往就在这个时候悄然而至。而且金融的风险往往是非对称性的，防不胜防。《繁花》中有一句经典台词：“纽约帝国大厦，从底下跑到屋顶，要一个钟头，从屋顶跳下来，只要 8.8 秒。”这句话如同一句谶语，是电视剧中一些大人物的命运隐喻，也点出了金融风险的非对称性本质。

在这部电视剧中，老戏骨游本昌饰演宝总的师傅，人称“爷叔”。爷叔曾问宝总，搬到和平饭店的套间后，第一件事情应该干什么。宝总不知如何作答，爷叔让他打开衣柜门，一张安全通道的指引牌赫然现于眼前。爷叔对宝总说：“安全没有保证，一切都等于零。所以我要做的就是保证你安全通道的畅通。万一你摔下来，还能接得住。”

投资界有句俗语：有胆大的投资者，有老到的投资者，但没有又老到又胆大的投资者。爷叔是经历过旧时代风雨的“老法师”，所以懂得始终以小心谨慎为上。就像老子《道德经》中所写：“豫兮若冬涉川；犹兮若畏四邻；俨兮其若客。”一个修行的人，他谨慎迟疑啊，就像冬天涉水过河；畏惧顾虑啊，像提防四周围攻；恭敬端凝啊，就像在别人家做宾客。这种小心谨慎的态度值得投资人学习。

初心：股权思维

俗语有云：“不忘初心，方得始终。”价值投资亦有初心，这初心便是股权思维。股权思维是价值投资理论框架的重中之重，它要求我们始终以企业股权所有者的心态来看待我们所投资的股票。因为只有如此，我们才能够认真对待手中所持有的股票，才会真正去研究、关注，乃至关爱这些股票背后的公司。如果你拥有的筹码足够多，甚至可以像巴菲特那样参与到公司治理当中，帮助公司实现成长。这才是价值投资之本义所在。如果没有这个初心作为前提，那么前面所讲的耐心、疑心、小心也便无从谈起。

然而，由于情绪不稳定的“市场先生”每天给我们制造噪声，而我们又总是六根不净，所以现实中这个纯粹的初心常常会迷失。老子说：“五色令人目盲；五音令人耳聋；五味令人口爽；驰骋畋猎，令人心发狂；难得之货，令人行妨。”意思是说缤纷的色彩使人眼花缭乱；嘈杂的声音使人听觉失灵；浓厚的杂味使人味觉受伤；纵情猎掠使人心思放荡发狂；稀有的物品使人行于不轨。所有这些扰乱人心的噪声，其分贝在现代环境中比老子的年代何止高出百倍千倍。

这就注定回归本心之旅是一场价值投资者时刻需要进行的艰苦斗争。为了达到这个目的，巴菲特远离华尔街，搬到相对安静的奥马哈小镇；约翰·邓普顿爵士甚至离开美国，躲到了巴哈马小岛上，在那里，《华尔街日报》要晚一个星期才能抵达。事实证明，他们的这些举动帮助他们取得了这场心智斗争的胜利。就像武侠小说中的绝顶高手，他们似乎达到了一种无我之境。巴菲特说：“在我看来，股市并不存在。股市的存在只是为了看看是否有人打算做些愚蠢的事。”

当然，对于普通投资者来说，这趟精神之旅还需要更多思想资源的加持，深刻影响过巴菲特和芒格的美国哲学家爱默生的这段话值得反复阅读：

> 当整个世界似乎都在暗中图谋，用琐事一次又一次侵扰你、纠缠你，当所有人都来敲你的门，并且说“到我们这里来吧”时，绝对不要动心，不要加入他们的喧嚣中。始终保有一颗初心，不受外界影响和左右，才能够使心灵得到宁静，才会过上真正独立的生活。

总结而言，价值投资的思维大厦由 4 大支柱构成，它们分别是股权思维、“市场先生”、安全边际和能力圈。股权思维是初心，从这个初心出发，我们知道价值是会成长的，我们需要做的便是以极大的耐心静待花开；面对情绪化的“市场先生”，我们需要保持疑心，对大众共识存疑，始终拥有独立思维；安全边际和能力圈原则告诉我们物忌盈满，小心为上。

四心具足，投资无患。

附录 1

投资问道：
老子对话巴菲特

作为本书的一个特别设计，我将“老子对话巴菲特”12 篇内容作为阅读彩蛋，构成一条辅线，以一种轻松的方式与 12 种认知形成一种呼应。

一边读老子一边读巴菲特是一种奇妙的体验，它让人感觉到顶级智慧之间竟是如此异曲同工。老子和巴菲特、芒格虽然年龄相差了约 2 500 岁，从事的是完全不同领域的工作——图书管理员和投资家，但是他们所讲的道理高度相通，毫无时空的隔膜。不信？我们来拉清单罗列一番。

1. 巴菲特和芒格恪守不熟不投的原则，绝不做跨越自己能力圈的投资决定。巴菲特说："我只做我完全明白的事。"芒格说："承认无知是智慧的开始。"老子则说："知人者智，自知者明。"

2. 巴菲特和芒格都极为自律，哪怕在小事上也不降低对自己的要求。巴菲特说："如果你不学会在小的事情上约束自己，你在大的事情上也不会受到内心的约束。"老子则说："胜人者有力，自胜者强。"

3. 巴菲特和芒格喜欢长期投资。巴菲特说："时间的妙处在于它的长度。"芒格说："如果既能理解复利的威力，又能理解获得复利的艰难，就等于抓住了理解许多事情的精髓。"老子同样反对速成，他说："大器晚成；大音希声。"

4. 巴菲特和芒格十分注重给投资留有安全边际。巴菲特说："我建一座能承重 3 万磅的桥，却只让通 1 万磅的车；这样就算我大意，漏放了一辆 1.2 万磅或者 1.3 万磅的卡车过去，也不至于桥毁人亡。"芒格说："河水淹死会水人。"老子则说："保此道者，不欲盈。夫唯不盈，故能蔽而新成。"

5. 巴菲特和芒格善于变化。芒格说："当条件变化了，我们也要变化。"老子的《道德经》通篇都在讲变化，如"有无相生，难易相成，长短相形，高下相倾，音声相和，前后相随""万物并作，吾以观复”等。

6. 巴菲特和芒格在投资中善于抛弃面子、情感等因素，总是从内在价值出发选择投资标的。老子则说：“不失其所者久。”意为不失去其根本才能够长久。

7. 巴菲特和芒格喜欢逆向思考。巴菲特说：“别人贪婪时我恐惧，别人恐惧时我贪婪。”芒格说：“反过来想，总是反过来想。”老子则说：“俗人昭昭，我独昏昏。俗人察察，我独闷闷。”

8. 巴菲特和芒格喜欢集中持股。巴菲特建议每个投资人都给自己一张卡片，上面只允许自己打 20 个小洞，每次买入 1 种股票时，就必须打 1 个洞，打完 20 个，就不能再买，只能持股。老子则说：“少则得，多则惑。”

9. 巴菲特和芒格深谙辩证之法。芒格说：“在有限的世界里，任何高成长的事物终将自我毁灭。”老子则说：“反者道之动。”

10. 巴菲特和芒格从不被故事所迷惑，总是安静地等待机会。巴菲特说：“诀窍是当没有合适的事情可做时，就什么也不做。”芒格说：“我总是坐下来静静地思考几个小时。我不介意在很长的时间里没有任何事情发生。”老子同样喜欢以“致虚极，守静笃”保持头脑清醒。

11. 巴菲特和芒格以极其谨慎小心的态度防范不确定性的“黑天鹅”。巴菲特说：“有些时候我们过于谨慎，但我宁可 100 次的过于谨慎，也不愿 1% 的不谨慎。”芒格说：“所有的投资评估都以衡量风险开始。”老子则说：“为之于未有，治之于未乱。”

12. 巴菲特和芒格具有很高的道德标准。巴菲特说：“你给别人的爱越多，你获得的回报就越多。”芒格说：“要得到你想要的某样东西，最可靠的方法是让你自己配得上它。”老子则说：“上善若水。”

这种阅读体验使我产生了一种创作冲动——将老子和巴菲特拉到一起展开跨越时空的对话。我们假设老子复活了，好学的他对投资这门显学产生了浓厚兴趣，又恰好在奥马哈小镇遇到了巴菲特和芒格，就向这两位当世投资“大神”问个究竟。恰好巴菲特和芒格也知道老子是东方的得道高人，于是热情邀请老子至家中做客，探讨投资之道。

于是，将近 2 600 岁须髯尽白的老子，91 岁仍然喜欢喝可乐、吃甜食的巴菲特，以及 97 岁少言而犀利的芒格之间发生了一场巅峰对话。[①] 他们一聊便是 12 日，每日讨论一个话题，场面可以说精彩纷呈，智慧“爆棚”。

在这场对话中，巴菲特和芒格对老子以“先生”相称，老子遵照西方的习惯亲切地称呼巴菲特为沃伦，称芒格为查理。我则有幸

① 巴菲特和芒格的年龄以本书第 1 版的出版时间 2021 年计算。

被邀请作为主持人兼聊天助理，以“密斯特舒”的名字参与对话。[①]

在做完这一系列梳理之后，我的一个深刻感受是，投资之道最终是做人之道。人生无论是致富，还是成名，抑或是登高位，都非易事，但是最不容易的是发现自我并成就自我。成功的投资者正是这样一类人，他们不仅成功地通过投资积累了财富，而且在这个过程中成就了自我，而失败的投资者往往在这个过程中迷失了自我。所以我相信，这些由投资衍生出来的智慧，也将有益于我们体悟为人处世之道，最终增强我们的生活幸福感。

这 12 篇彩蛋内容需要读者朋友扫描二维码，移步湛庐 App 阅读。相信读完这本书再读一遍这 12 篇对话内容，你可能会脑洞大开，增添一番新的体会。

扫描上方二维码
一起向智者问道投资智慧

① 为了如实地呈现老子、巴菲特和芒格的思想，对话中多数是他们说过的原话，原话以直接引语的方式（加引号）标出。未以直接引语标出的部分则是为了使对话流畅而设计的串词。

附录 2

舒泰峰的财富认知书单

投资是一门跨学科的、极具综合性的学问，我的这本书充其量是一本“以管窥天，以蠡测海”的普及性读物。有兴趣的读者朋友不妨舒展阅读的翅膀，去更广阔的知识天空遨游。这个财富认知书单中的书有的曾被我直接引用过，有的则间接对我的写作有过启发。有趣的是，我发现书与书之间其实是有“亲缘关系”的，我们往往是读了一本书，又被其中所提到的另外一本书所吸引，从中领略知识的递进关系。少数情况，如作者观点的不和谐场面也会存在，比如在这个书单里，塔勒布就曾把史蒂芬·平克[①]批评得一无是处，尽管他们的书对读者都很有启发性。这些都是读书过程中的“小确幸”。

我将对我有所启发的几十本书大致分成几类，希望能够为读者朋友们提供一个指引的方向，便于大家按图索骥，早日抵达投资认知之堂奥。

大师之书

这部分的书都是成功投资大师之作或者书写投资大师思想的作品。我首推的当然是《穷查理宝典》，它于我而言具有冲开投资思维大门的醍醐灌顶之效，书名“宝典”名副其实，值得反复阅读。而且我总觉得芒格的智慧是超越投资的，这本书不仅是投资宝典，也是人生智慧的宝典。《巴菲特致股东的信》《投资最重要的事》《聪明的投资者》也都极具启发性，所谓“极具”是指书中内容很多是原理性的，属于“元智慧”。《投资学（第五版）》性质有所不同，是一本教科书，属于教育部经济管理类核心课程教材，它的特殊之处在于，它是由投资家裘国根先生和他的导师郎荣燊共同编写的，是实战与理论的经典结合，广受师生好评。

① 史蒂芬·平克（Steven Pinker），当代思想家、世界知名语言学家和认知心理学家。其经典著作《白板》《语言本能》《心智探奇》《理性》《当下的启蒙》《思想本质》等书的中文简体字版已由湛庐引进出版。——编者注

附录 2　舒泰峰的财富认知书单

1. 考夫曼 . 穷查理宝典 . 李继宏 , 译 . 北京：中信出版社 ,2016.
2. 克拉克 . 查理・芒格的投资思想 . 巴曙松，陈剑，译 . 北京：中国财政经济出版社，2023.
3. 洛尔 . 查理・芒格传 . 邱舒然，译 . 北京：中国人民大学出版社，2009.
4. 巴菲特 . 巴菲特致股东的信 . 杨天南，译 . 北京：机械工业出版社，2020.
5. 施罗德 . 滚雪球 . 覃扬眉，译 . 北京：中信出版社，2013.
6. 哈格斯特朗 . 巴菲特之道 . 杨天南，译 . 北京：机械工业出版社，2020.
7. 哈格斯特朗 . 沃伦・巴菲特：终极金钱心智 . 杨天南，译 . 北京：机械工业出版社 ,2024.
8 林奇，罗瑟查尔德 . 战胜华尔街 . 刘建位，徐晓杰，李国平，等，译 . 北京：机械工业出版社，2016.
9. 利弗莫尔 . 股票作手回忆录 . 黄程雅淑，马晓佳，译 . 北京：中国青年出版社，2012.
10. 李录 . 文明、现代化、价值投资与中国 . 北京：中信出版社，2020.
11. 费舍 . 怎样选择成长股 . 吕可嘉，译 . 北京：地震出版社，2013.
12. 格雷厄姆 . 聪明的投资者 . 王中华，黄一义，译 . 北京：人民邮电出版社，2016.
13. 马克斯 . 投资最重要的事 . 李莉，石继志，译 . 北京：中信出版社，2015.
14. 达利欧 . 原则 . 刘波，綦相，译 . 北京：中信出版社，2018.

15. 郎荣燊，裘国根 . 投资学（第五版）. 北京：中国人民大学出版社，2017.

历史之书

投资不能拘泥于历史，但是我们也不应当忘记历史。这部分书目许多是关于危机史的。读一读历史上的金融危机，对今天的我们具有重大的启发。毕竟“这次不一样”是投资史上最大的教训之一。《历史的教训》是杜兰特夫妇以其 50 年功力凝集的结晶，以高度凝练的语言总结了历史中最重要的教训。我们需要时刻提防荷兰郁金香永不消逝的“魅影”。看吴晓波先生的系列作品可以了解中国经济史的变迁，赫拉利的系列作品则让人脑洞大开。了解历史是为了洞察未来，书目中的《未来呼啸而来》一书是我在 2021 年元旦读的，它描述了未来科技爆炸式发展的可能图景。

1. 杜兰特，等 . 历史的教训 . 倪玉平，张闶，译 . 北京：中国方正出版社，2015.
2. 金德尔伯格，阿利伯 . 疯狂、惊恐和崩溃 . 朱隽，叶翔，李伟杰，译 . 北京：中国金融出版社，2017.
3. 加尔布雷斯 .1929 年大崩盘 . 沈国华，译 . 上海：上海财经大学出版社，2017.
4. 戈登 . 美国增长的起落 . 张林山，刘现伟，孙凤仪，译 . 北京：中信出版社，2018.
5. 野口悠纪雄 . 战后日本经济史 . 张玲，译 . 北京：民主与建设出版社，2018.

6. 赫拉利 . 人类简史 . 林俊宏，译 . 北京：中信出版社，2014.
7. 赫拉利 . 未来简史 . 林俊宏，译 . 北京：中信出版社，2017.
8. 戴曼迪斯，科特勒 . 未来呼啸而来 . 贾拥民，译 . 北京：北京联合出版公司，2021.
9. 吴晓波 . 激荡三十年 . 北京：中信出版社，2008.
10. 比格斯 . 财富、战争与智慧：二战股市风云录 . 张恒斌，译 . 北京：中国人民大学出版社，2025.

思维之书

投资家的思维与众不同，这部分图书的内容主要围绕思维、方法论展开，多属于行为金融学范畴。首推的当然是《思考，快与慢》，这同样是一部元典式的作品，被后来者反复引用。《投资的怪圈》将人的行为模式与神经科学联系到了一起，读了之后我们可以进一步了解到，人的许多思维路径都是进化学的遗存。《直觉泵和其他思考工具》和《模型思维》则系统地总结了许多思维工具，十分实用。

1. 卡尼曼 . 思考，快与慢 . 胡晓姣，李爱民，何梦莹，译 . 北京：中信出版社，2012.
2. 丹尼特 . 直觉泵和其他思考工具 . 冯文婧，傅金岳，徐韬，译 . 杭州：浙江教育出版社，2018.
3. 佩奇 . 模型思维 . 贾拥民，译 . 杭州：浙江科学技术出版社，

2023.
4. 希姆勒，汉森．脑中的大象．王绍祥，译．北京：中信出版社，2020.
5. 多贝里．清醒思考的艺术．朱刘华，译．北京：中信出版社，2016.
6. 茨威格．投资的怪圈．蒋宗强，译．北京：中信出版社，2020.
7. 蒙蒂尔．行为投资学手册．王汀汀，译．北京：中国青年出版社，2017.
8. 艾瑞里．怪诞行为学．赵德亮，夏蓓洁，译．北京：中信出版社，2017.
9. 豪泽尔．金钱心理学．李青宗，译．北京：民主与建设出版社，2023.

风险之书

这个维度下的 5 本书堪称重磅。投资时刻与风险为伴。《与天为敌》的作者是个投资家，却能将“风险”的历史写得像探案一样精彩，可以说他把历史上伟大的数学家们以及“风险”这样枯燥的课题写活了。塔勒布是个奇人，行为和思维方式都很独特，具有许多“反智慧”，他的“不确定性四部曲”步步深入，让我们看到了无处不在的不确定性，并在此基础上生出对于风险的敬畏。

1. 伯恩斯坦．与天为敌．吴翌，童伟华，译．北京：机械工业出版社，2010.

2. 塔勒布 . 随机漫步的傻瓜 . 盛逢时，译 . 北京：中信出版社，2012.
3. 塔勒布 . 黑天鹅 . 万丹，刘宁，译 . 北京：中信出版社，2011.
4. 塔勒布 . 反脆弱 . 雨珂，译 . 北京：中信出版社，2014.
5. 塔勒布 . 非对称风险 . 周洛华，译 . 北京：中信出版社，2019.

金融之书

这一部分书目主要是学院派专家之作，可以帮助我们从理论上深入了解股市、金融的运转机理。当然马尔基尔既是学院派也是实战派，《漫步华尔街》清晰地讲解了股市中各个流派的特点以及各自的优缺点。读了《股市长线法宝》，我们可以知道从长期来看，股票市场的机会远大于风险，可与李录先生的《文明、现代化、价值投资与中国》互为印证。《叙事经济学》开创了一个新的角度，很大程度上“叙事”推动了历史的发展，甄别这些故事至关重要，它与《估值与故事》可以互为参照。股票估值就是要寻求故事与数字之间的均衡。

1. 马尔基尔 . 漫步华尔街 . 张伟，译 . 北京：机械工业出版社，2018.
2. 多尔西 . 股市真规则 . 司福连，刘静，译 . 北京：中信出版社，2018.
3. 西格尔 . 股市长线法宝（原书第 5 版）. 马海涌，王凡一，魏光蕊，译 . 北京：机械工业出版社，2015.

4. 埃利斯．长线．吴文忠，吴陈亮，常长海，等，译．北京：中信出版社，2016.
5. 达摩达兰．估值与故事．廖鑫亚，艾红，译．北京：中信出版社，2018.
6. 希勒．金融与好的社会．束宇，译．北京：中信出版社，2012.
7. 希勒．叙事经济学．陆殷莉，译．北京：中信出版社，2020.
8. 阿克洛夫，席勒．动物精神．黄志强，徐卫宇，金岚，译．北京：中信出版社，2016.
9. 希勒．非理性繁荣（第三版）．北京：中国人民大学出版社，2016.

进化之书

追本溯源，我们每个人的行为模式和思维习惯都需要在进化史中寻找答案。在原始年代，我们的祖先为了生存和繁衍，不断进化出最能够应对当时环境的基因结构。近代以来，科技、经济、社会已经发生天翻地覆的变化，但是基因进化是慢变量，这就导致了我们的基因结构以及由其决定的认知与所处环境的严重不匹配，从而造成了认知误区。

1. 达尔文．物种起源．谢蕴贞，译．北京：新世界出版社，2014.
2. 威尔逊．论人的本性．胡婧，译．北京：新华出版社，2015.
3. 戴蒙德．枪炮、病菌与钢铁．谢延光，译．上海：上海译文出版社，2016.

4. 道金斯 . 自私的基因 . 卢允中，张岱云，陈复加，等，译 . 北京：中信出版社，2012.

5. 巴斯 . 进化心理学 . 张勇，蒋柯，译 . 北京：商务印书馆，2015.

6. 普拉萨德 . 我从达尔文那里学到的投资知识 . 彭相珍，译 . 北京：中译出版社，2025.

心性之书

老子《道德经》五千言字字珠玑，有很多版本的注释。陈鼓应的是学院派解读，南怀瑾的则是结合社会经验的通俗解读，比较生动易读。《华杉讲透孙子兵法》也很轻松易读，相比于老子，《孙子兵法》不愧是兵书，实战性强，许多方面与投资之学相通。《乌合之众》把人性中的盲从揭露得淋漓尽致，读起来有种心惊胆战之感。读史蒂芬·平克的感觉恰恰与此相反，给人一种磅礴的力量感。《洞见》的英文书名更有趣味，直译过来是“为什么佛学是真的”，跨越科学与佛学两大维度，直击认知的本源。说到佛学，对我冲击最大的还是一行禅师的《佛陀传》，读完才知道佛学其实是积极的，“空性”不是空无，而是“无自性”和“互依性”，它提倡的是协作而不是逃避。对我而言，这些都是颠覆性的观点。这与塞利格曼的积极心理学是相通的。《苏东坡新传》貌似与财富和认知的主题不匹配，之所以将它列入书单之中，是因为它实在写得太精彩了。如果说林语堂笔下的苏东坡是神仙版的，那么李一冰笔下的苏东坡则是人间版的，他书写了在仕途泥泞中挣扎了一生，却又永远充满豁达、乐观精神的苏东坡。这不恰恰是做投资需要汲取的态度吗？

投资在具体操作上需要谨慎，但信仰上必须对未来永远抱有一颗乐观之心。

1. 陈鼓应 . 老子注释及评介 . 北京：中华书局，1984.
2. 南怀瑾 . 老子他说 . 北京：东方出版社，2014.
3. 南怀瑾 . 论语别裁 . 北京：东方出版社，2015.
4. 华杉 . 华杉讲透孙子兵法 . 南京：江苏文艺出版社，2015.
5. 赖特 . 洞见 . 宋伟，译 . 北京：北京联合出版公司，2020.
6. 平克 . 人性中的善良天使 . 安雯，译 . 北京：中信出版社，2019.
7. 平克 . 当下的启蒙 . 侯新智，欧阳明亮，魏薇，译 . 杭州：浙江科学技术出版社，2023.
8. 勒庞 . 乌合之众 . 冯克利，译 . 北京：中央编译出版社，2011.
9. 塞利格曼 . 塞利格曼自传 . 庞雁，译 . 杭州：浙江教育出版社，2020.
10. 一行禅师 . 佛陀传 . 何蕙仪，译 . 郑州：河南文艺出版社，2014.
11. 李一冰 . 苏东坡新传 . 成都：四川人民出版社，2020.

后记

我的老家浙江衢州素有“四省通衢”之称，是贯通浙江、江西、安徽和福建的交通要塞，因此成了“东南有事，兵家必争”之地。不知出生地的特质在多大程度上会影响一个人的性格，反正我长大后似乎挺能“漂”。选大学时，少年叛逆，终于可以实践一回金庸笔下的远走高飞，报考了火车车程 40 小时以外但是名字很好听的兰州大学。我选择的专业更偏门，是历史系，纯粹出于爱好。大一暑假，为迎接 90 周年校庆，我参加了学校组织的黄河漂流活动，坐着羊皮筏子，从兰州漂到了包头，水程 1 200 公里，历时一个多月，现在想来仍是人生的一大壮举。在这所积淀深厚、学风醇正，却因为地处偏远而被称为“最孤独的 985 大学”的学校里读完本科和硕士之后，我转而从事了新闻工作。这是我人生中的第一次跨界，但二者也不无联系，毕竟历史是过去的新闻，而新闻终将成为未来的历史。

媒体从业 10 年，我接触了很多鲜活的社会实践案例，采访过各种各样或杰出或平凡的人，这段经历极大地开阔了我的视野。所以我要感谢我以前供职的单位——新华社《瞭望东方周刊》和《财经》杂志，它们提供的一流平台让我知道世界很大，人间值得。

2014 年，我加入了重阳投资，这是我人生中的第二次跨界。我惊喜地发现，投资家不仅十分重视新闻，而且酷爱历史，或许是因为研究和投资都需要以信息为基础，而今天发生的一切无不脱胎于历史。正如马克·吐温所说："历史不会简单重复，但却押着相同的韵脚。"有人说，投资是人生的最后一份职业，因为它是包罗万象的，同时也是极其复杂的。它要求从业者永远保持学习状态，从这个角度而言，它是没有天花板的。这正是我的幸运之处，过往的所学都没有浪费，应了那句流行的鸡汤："人生没有白走的路，每一步都算数。"

在这里，我要特别感谢重阳投资创始人、首席投资官裘国根先生，是他将我引入投资界，使我得以打开人生的另一片天地。裘先生的学问、人品都令人景仰，他冷静缜密和独特的思考方式也让我近距离领略到一个卓越投资家的风采。如果不是裘国根先生，也就不会有这本书的创意。

重阳投资董事长王庆博士自始至终都对这本书的出版给予了极大的关心和支持，他鼓励我将这几年写过的文章进行系统梳理，还仔细通读了全稿，提出了很多宝贵的意见，使书稿获得了进一步提升与完善。若不是王庆博士的鼓励与督促，这本书的面世应该要晚许多。重阳投资总裁汤进喜先生、联席首席投资官陈心先生、战略研究部主管寇志伟先生、基金经理谭伟也都对书稿进行了专业的指导和把关。中国人民大学重阳金融研究院对此书的出版亦给予了支持，在此对研究院及王文院长的助力表示感谢。本书部分内容曾在微信公众号“重阳投资”上发表，前同事郭宇璇时常是第一位读者和编辑，对此书的形成亦有贡献。在此一并表示由衷的感谢。

感谢湛庐编辑团队在这本书的出版过程中付出的辛苦工作。从书名到结构再到细节，他们都展现出了十分专业的水准，工作认真细致，确保了这本书的高质量出版。

这本书要特别献给我的父亲舒金岳。父亲在本书即将付梓之际辞世，让我陷于无尽哀恸。父亲没受过什么教育，却智力超群；一生背负巨大的能量，却囿于时代而无处安放。这本书致敬父亲狂傲不羁而富有英雄主义气概的一生。

感谢我的妻儿。本书第 1 版在 2021 年出版前后，14 岁的初二学生舒思远身高已超过一米八，后浪生猛。刚到上海的第一个学期你由不适应到适应，期末还得了“进步小飞鱼”的称号，希望你能够不忘这个称号，保持终生学习、永远进取。

本书再版之际，舒思远已远赴英伦求学，开启了自己崭新的人生征途。愿你永远阳光，不负韶华，勇攀高峰。

还有我的“书童”麦麦，自 2016 年意外“尾随”我来到家中，它就一直是我最忠实的陪读和陪写。是的，它是一只漂亮的小猫。如今，它已经回到“喵星国”，但我们永远怀念它。

参考文献

考虑到环保的因素，也为了节省纸张、降低图书定价，本书编辑制作了电子版的参考文献。请扫描下方二维码，直达图书详情页，点击“阅读资料包”获取。

未来，属于终身学习者

我们正在亲历前所未有的变革——互联网改变了信息传递的方式，指数级技术快速发展并颠覆商业世界，人工智能正在侵占越来越多的人类领地。

面对这些变化，我们需要问自己：未来需要什么样的人才？

答案是，成为终身学习者。终身学习意味着永不停歇地追求全面的知识结构、强大的逻辑思考能力和敏锐的感知力。这是一种能够在不断变化中随时重建、更新认知体系的能力。阅读，无疑是帮助我们提高这种能力的最佳途径。

在充满不确定性的时代，答案并不总是简单地出现在书本之中。“读万卷书”不仅要亲自阅读、广泛阅读，也需要我们深入探索好书的内部世界，让知识不再局限于书本之中。

湛庐阅读 App：与最聪明的人共同进化

我们现在推出全新的湛庐阅读 App，它将成为您在书本之外，践行终身学习的场所。

- 不用考虑“读什么”。这里汇集了湛庐所有纸质书、电子书、有声书和各种阅读服务。
- 可以学习“怎么读”。我们提供包括课程、精读班和讲书在内的全方位阅读解决方案。
- 谁来领读？您能最先了解到作者、译者、专家等大咖的前沿洞见，他们是高质量思想的源泉。
- 与谁共读？您将加入优秀的读者和终身学习者的行列，他们对阅读和学习具有持久的热情和源源不断的动力。

在湛庐阅读 App 首页，编辑为您精选了经典书目和优质音视频内容，每天早、中、晚更新，满足您不间断的阅读需求。

【特别专题】【主题书单】【人物特写】等原创专栏，提供专业、深度的解读和选书参考，回应社会议题，是您了解湛庐近千位重要作者思想的独家渠道。

在每本图书的详情页，您将通过深度导读栏目【专家视点】【深度访谈】和【书评】读懂、读透一本好书。

通过这个不设限的学习平台，您在任何时间、任何地点都能获得有价值的思想，并通过阅读实现终身学习。我们邀您共建一个与最聪明的人共同进化的社区，使其成为先进思想交汇的聚集地，这正是我们的使命和价值所在。

内 容 提 要

想要通过投资成功积累财富，必须改造自我，其中核心的一条便是改造自己的认知。投资家的思维方式与背后的心性修养与常人有明显的不同，如果你不能掌握同样的投资认知体系，那么即便你拥有投资知识，也只是“有知识的小白”，不免沦为“韭菜”。本书对最核心的一些投资认知原则条分缕析，形成一个带有跨界特色的认知系统。应对投资者的12个常见认知误区，本书给出了12个破解之道，帮助读者有效避开投资中的陷阱。

本书法律顾问　北京市盈科律师事务所　崔爽律师

图书在版编目（CIP）数据

财富是认知的变现 / 舒泰峰著. --北京：中国纺织出版社有限公司，2021.12（2025.11重印）

ISBN 978-7-5180-9213-0

Ⅰ. ①财… Ⅱ. ①舒… Ⅲ. ①投资—通俗读物 Ⅳ. ①F830.59-49

中国版本图书馆CIP数据核字（2021）第262794号

责任编辑：刘桐妍　　责任校对：高　涵　　责任印制：储志伟

中国纺织出版社有限公司出版发行

地址：北京市朝阳区百子湾东里 A407 号楼　邮政编码：100124

销售电话：010—67004422　传真：010—87155801

http://www.c-textilep. com

中国纺织出版社天猫旗舰店

官方微博 http://weibo.com/2119887771

河北鹏润印刷有限公司印刷　各地新华书店经销

2021年12月第1版　2025年11月第5次印刷

开本：880 × 1230　1/32　印张：10.25

字数：212千字　定价：119.90元